Jorge Eielson Matter, Sign, Space

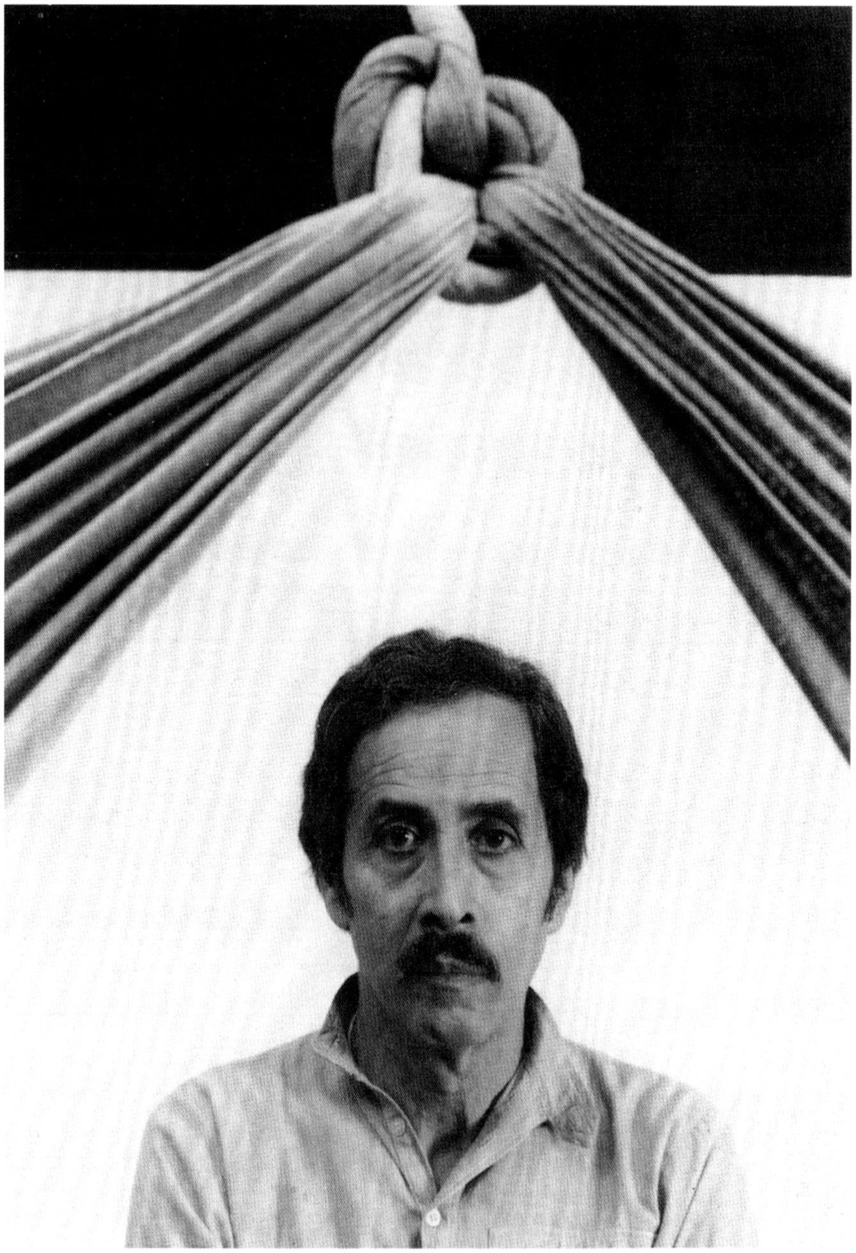

Jorge Eielson
Matter, Sign, Space

edited by / a cura di Francesca Pola

SKIRA

Cover / In copertina
Quipus 65 R - 1, 1991 (detail / particolare)

p. 2
Jorge Eielson, 1970s

Design
Marcello Francone

Editorial coordination
Coordinamento redazionale
Vincenza Russo

Editing / Redazione
Anna Albano

Layout / Impaginazione
Sara Salvi

Translations / Traduzioni
Lidia Filippone for / per Language Consulting Congressi srl, Milano (from Spanish into Italian / dallo spagnolo in italiano)
Natalia Iacobelli and / e Carol Rathman (from Italian into English / dall'inglese in italiano)
Ruth Elizabeth Kenny (from Spanish into English / dallo spagnolo in inglese)

Photo credits / Crediti fotografici
Luke A. Walker (installation views and artworks / immagini della mostra e delle opere)
Adelaide de Menil, New York (p. 30)
Gianni e Alberto Buscaglia, Milano (pp. 35, 38, 39)
Juan Pablo Murrugarra (pp. 40, 41)
Patronato Cultural del Perú / Cristobal Palma (pp. 44, 45, 46)
© Comune di Milano
all rights reserved / tutti i diritti riservati (p. 31)

First published in Italy in 2019 by
Skira editore S.p.A.
Palazzo Casati Stampa
via Torino 61
20123 Milano
Italy

www.skira.net

ISBN: 978-88-572-4075-6

Printed and bound in Italy. First edition

Finito di stampare
nel mese di aprile 2019
a cura di Skira editore, Milano

This volume was published
on the occasion of the exhibition
Questo volume è stato pubblicato
in occasione della mostra

Jorge Eielson
Matter, Sign, Space

Cortesi Gallery, London
2 March / marzo
31 May / maggio 2019

Exhibition curated and catalogue edited by
Mostra e catalogo a cura di
Francesca Pola

In collaboration with
In collaborazione con
Archivio Jorge Eielsona
Centro Studi Jorge Eielson

Exhibition coordinators
Coordinamento espositivo
Andrea Cortesi
Lorenzo Cortesi
Gala Kalchbrenner
Ottavia Fontana
Camilla Romeo
Federica Rigitano

Our special gratitude goes to
Siamo particolarmente grati a
Marina Affanni
Duilio Affanni
Martha Canfield
Antonella Ciabatti
Giorgia Barzetti
Alexandre Carel
Sharon Lerner
Javier Lizarzaburu
Luis Rebaza-Soraluz

Sommario

Contents

Matter, Sign, Space

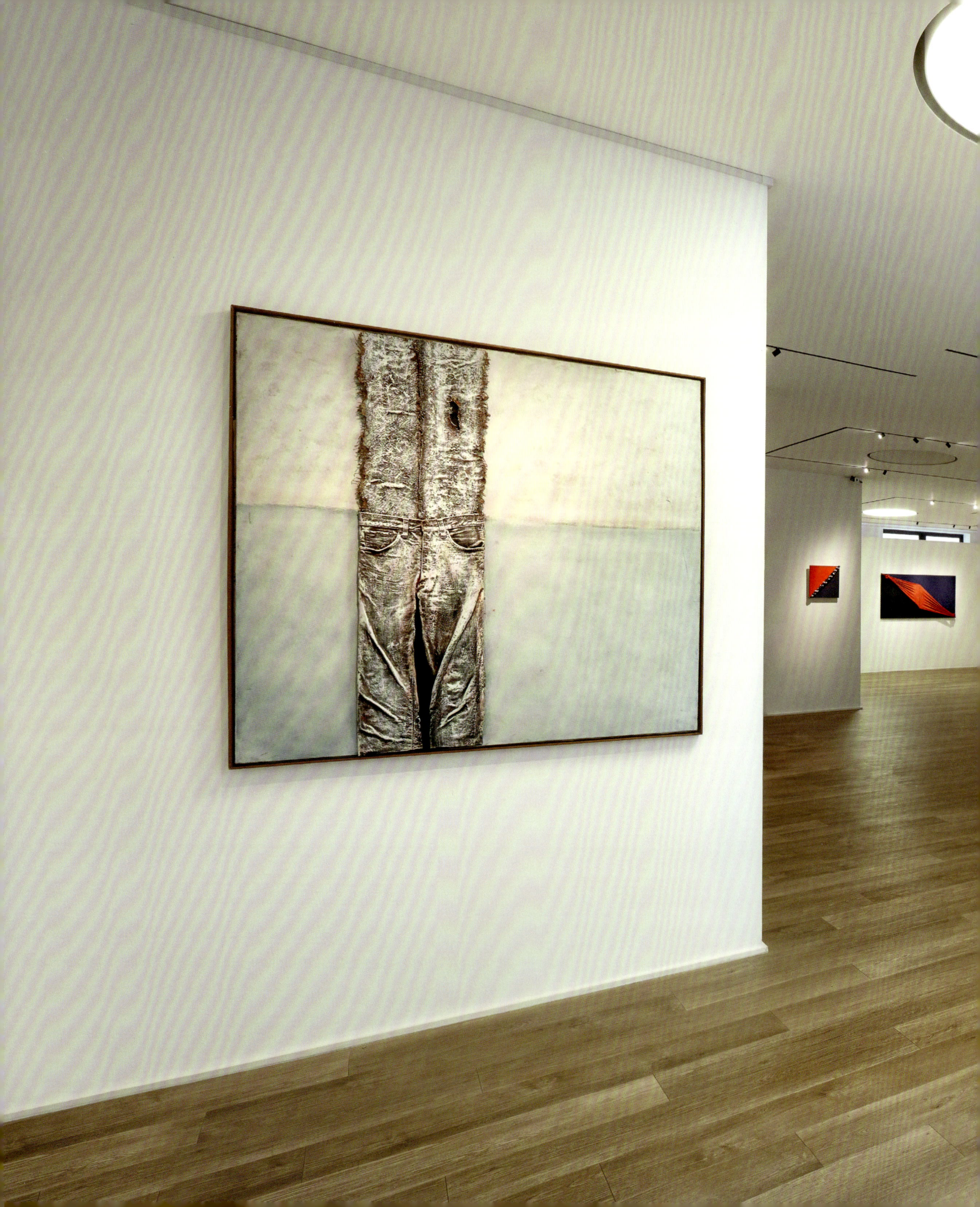

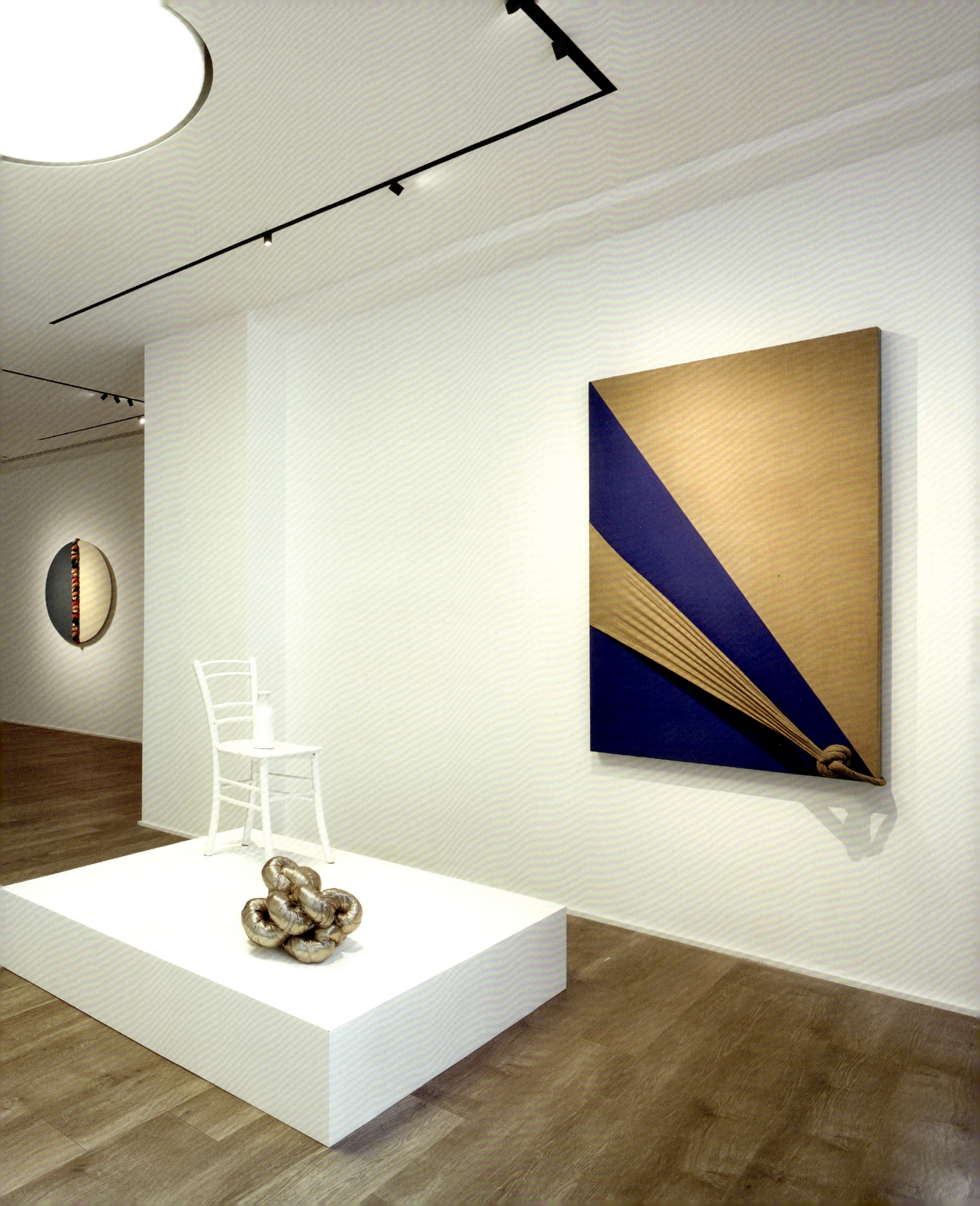

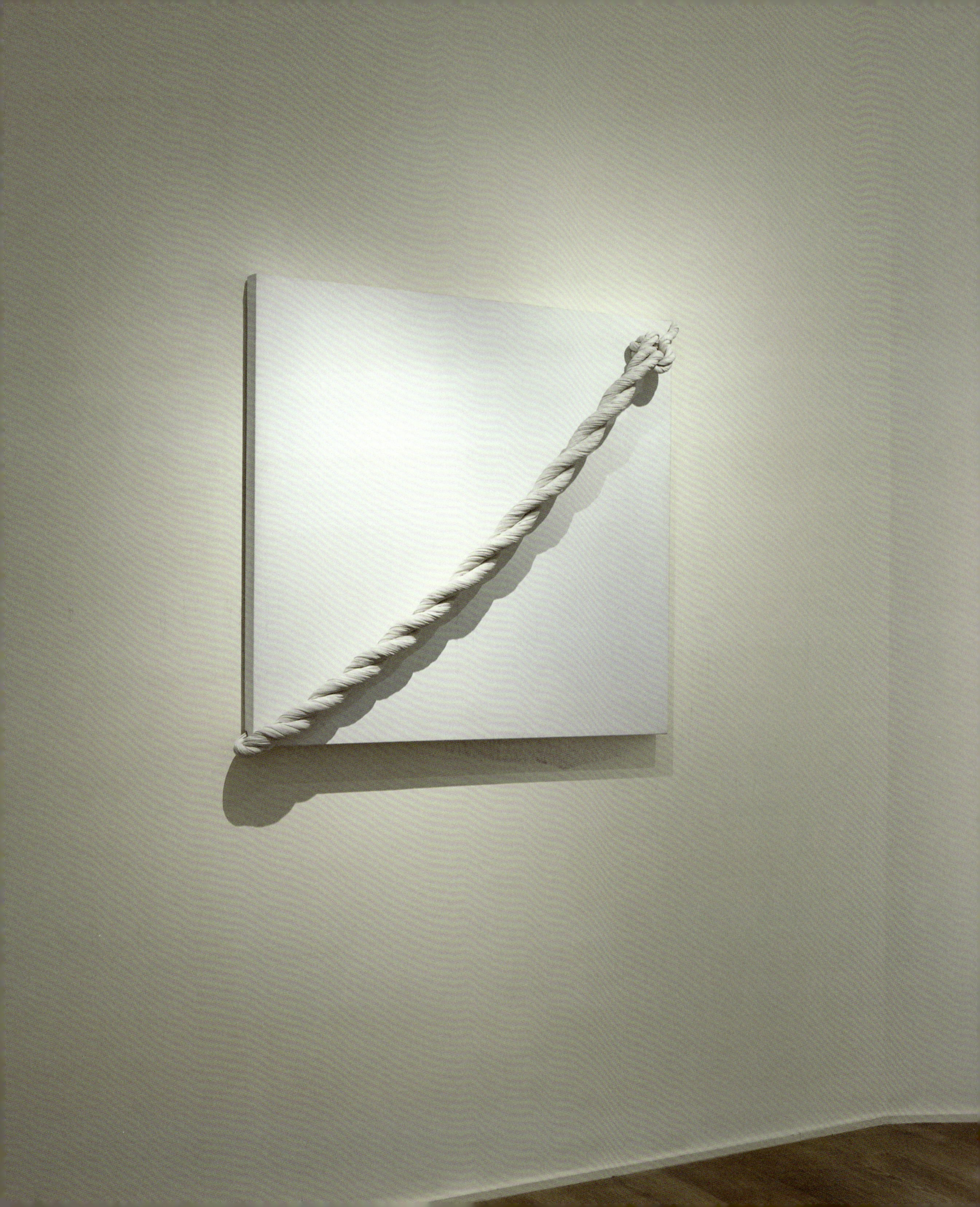

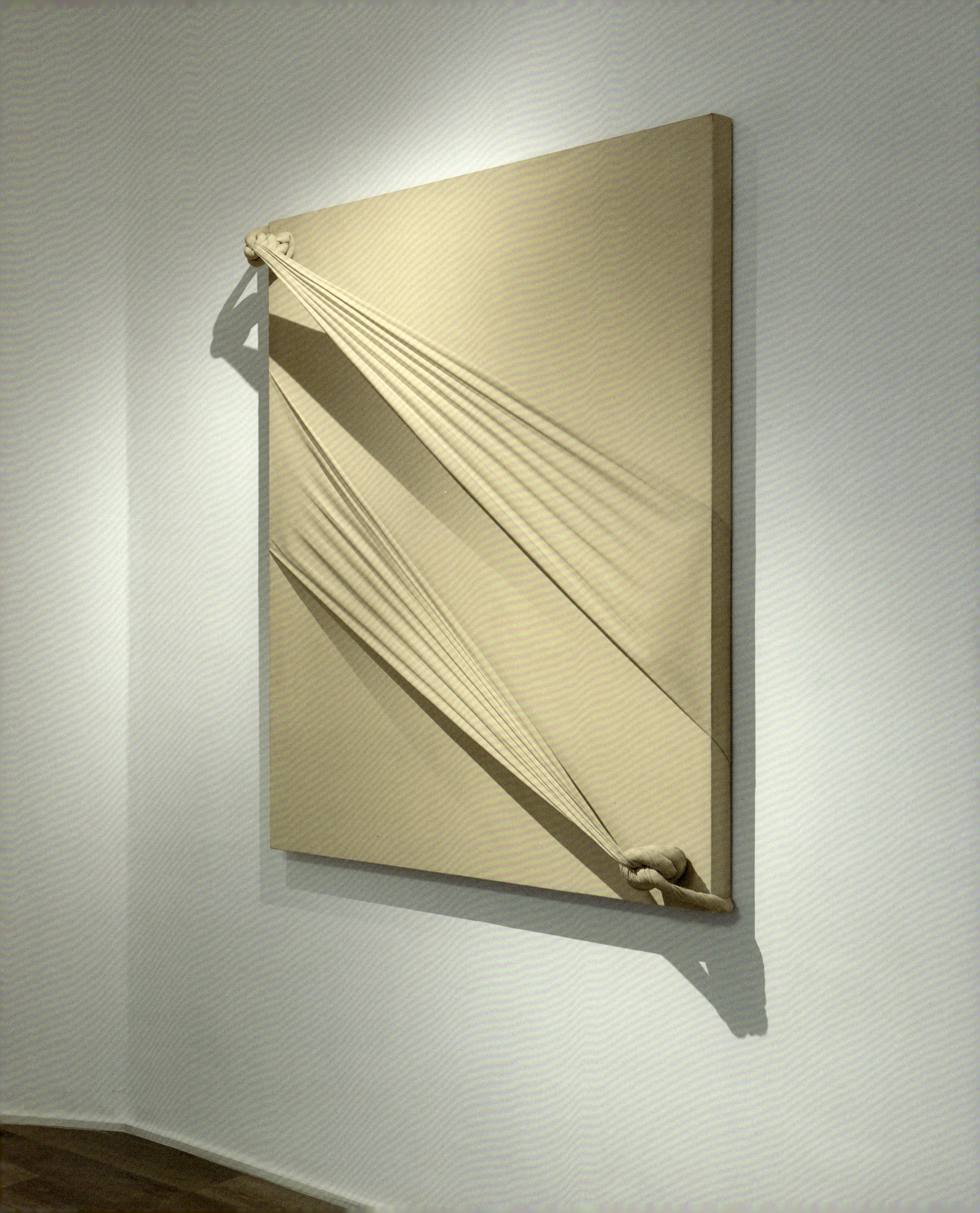

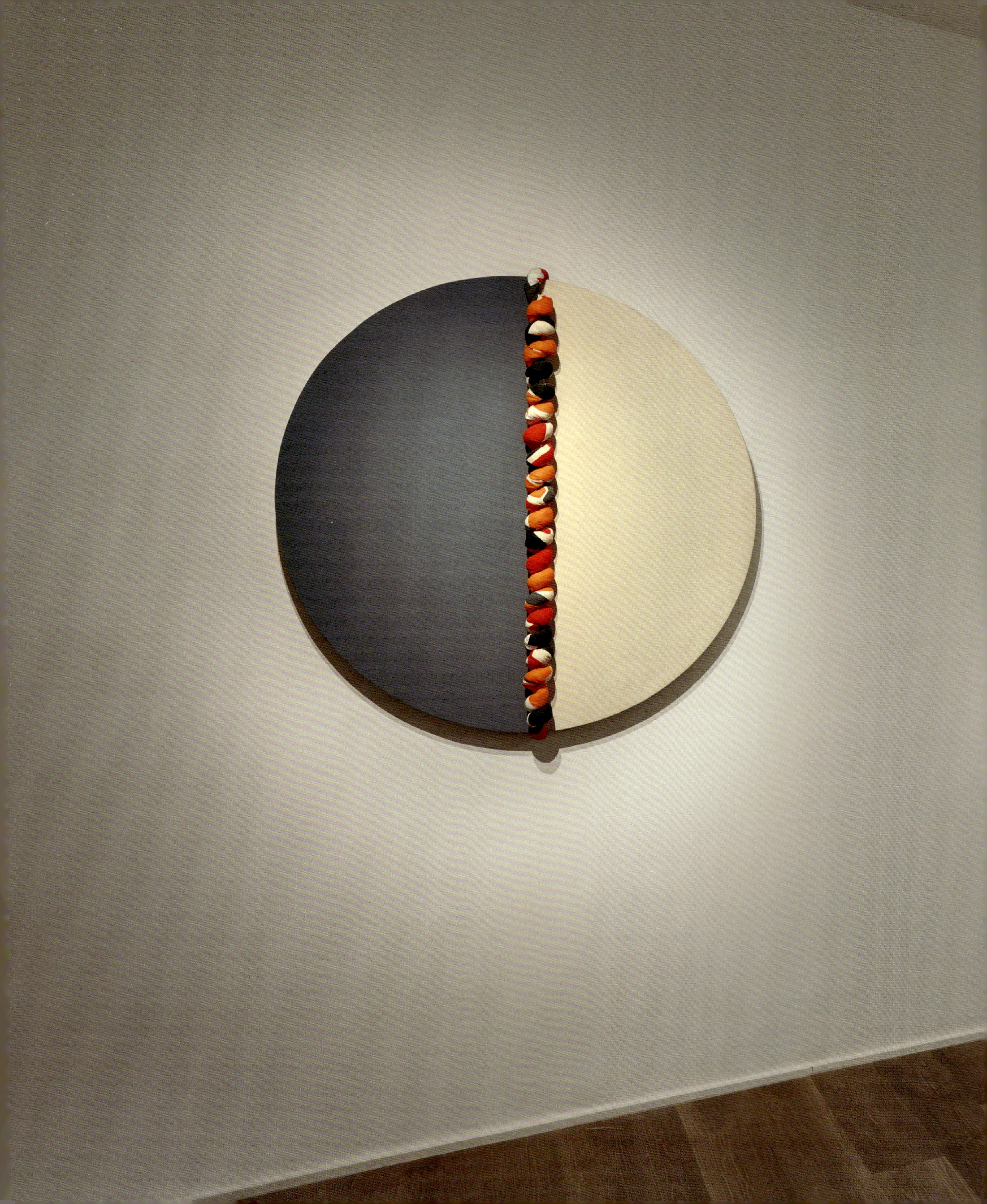

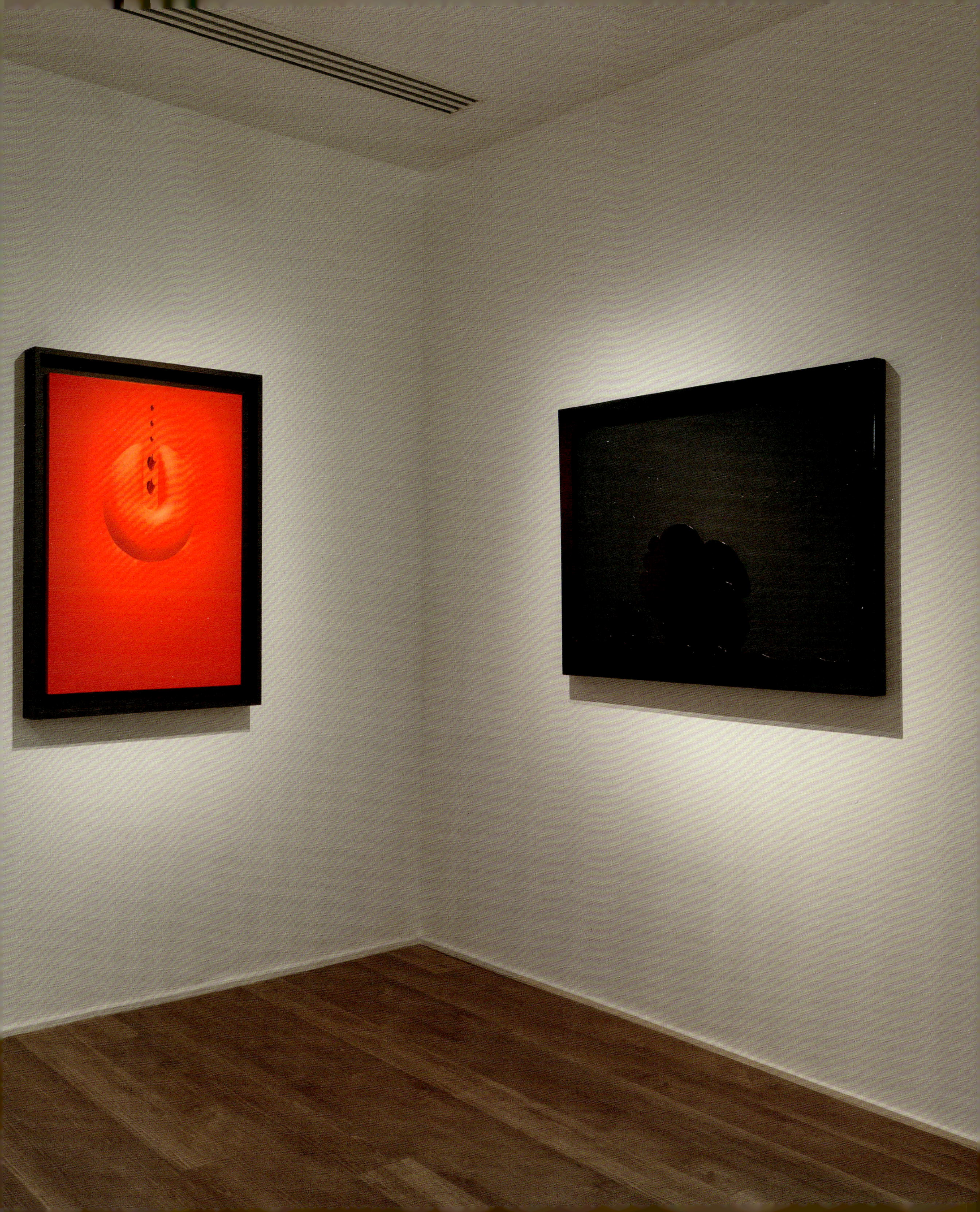

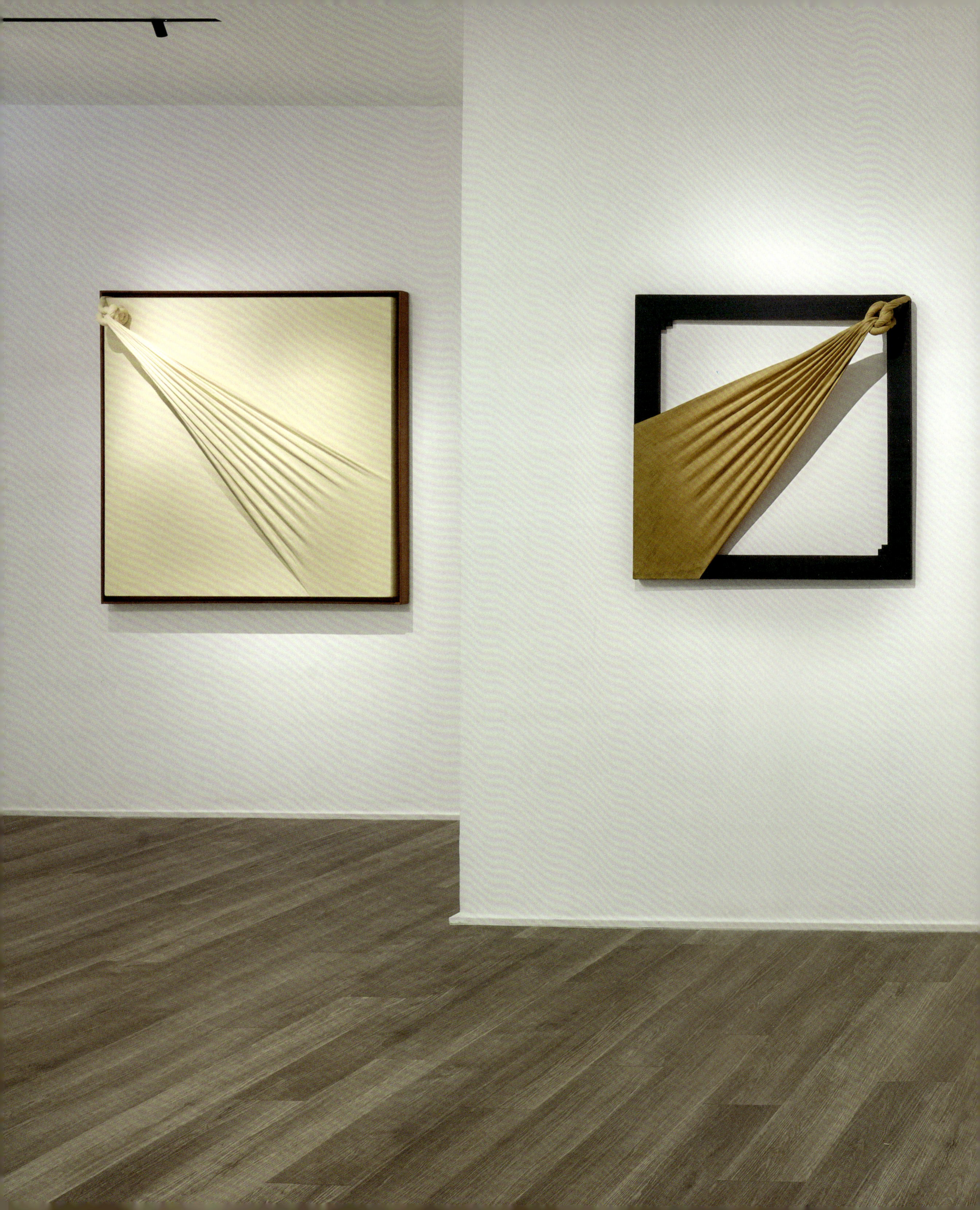

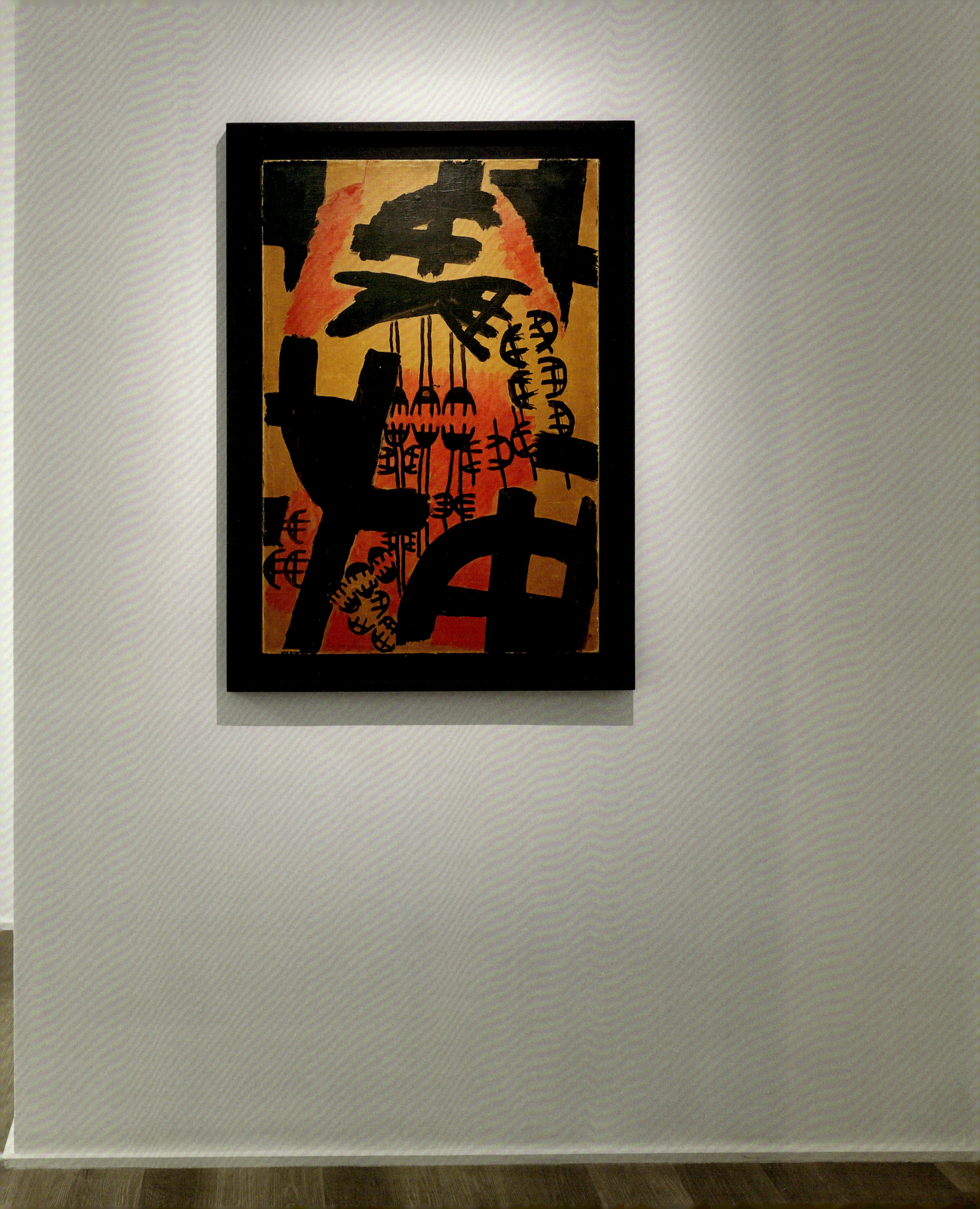

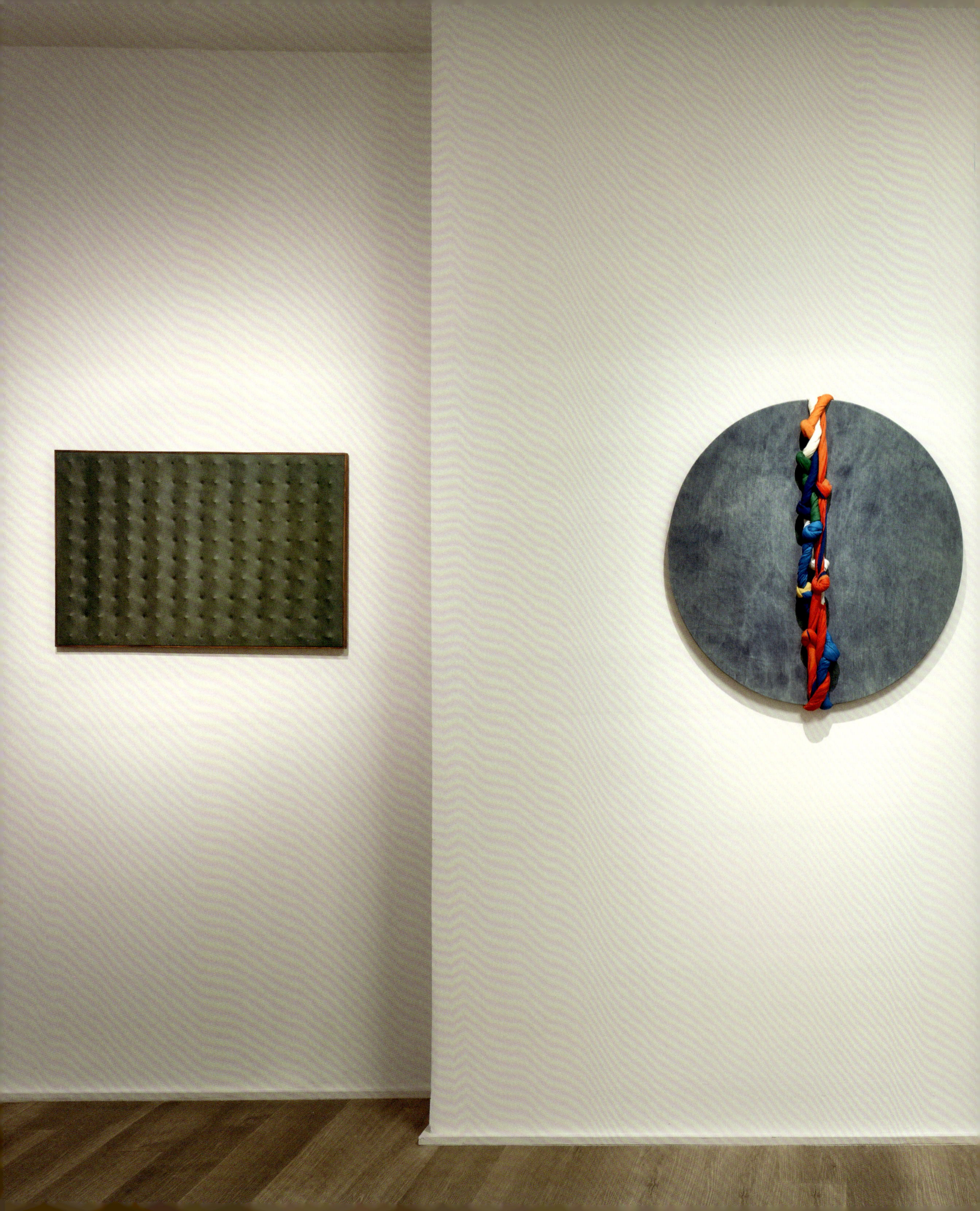

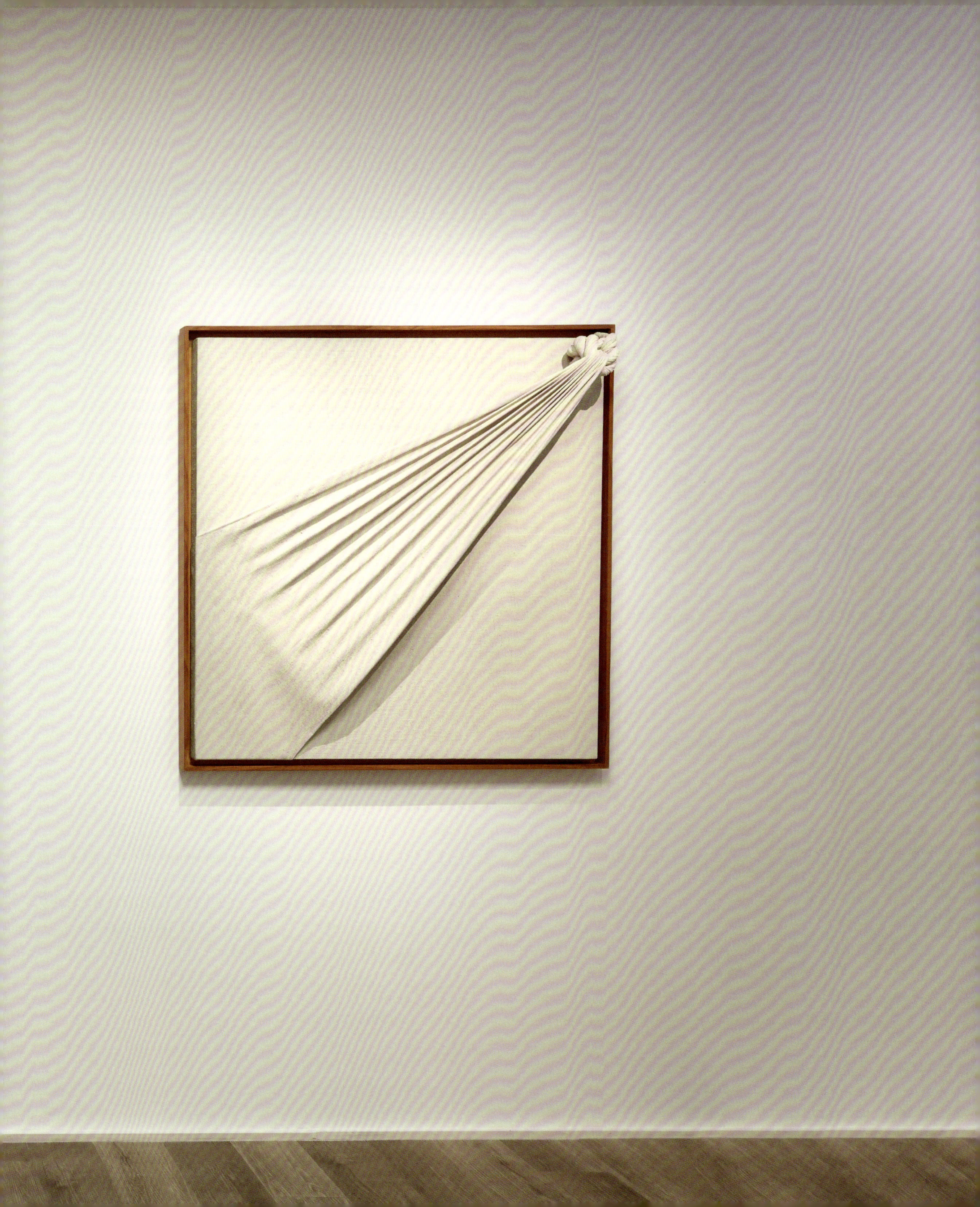

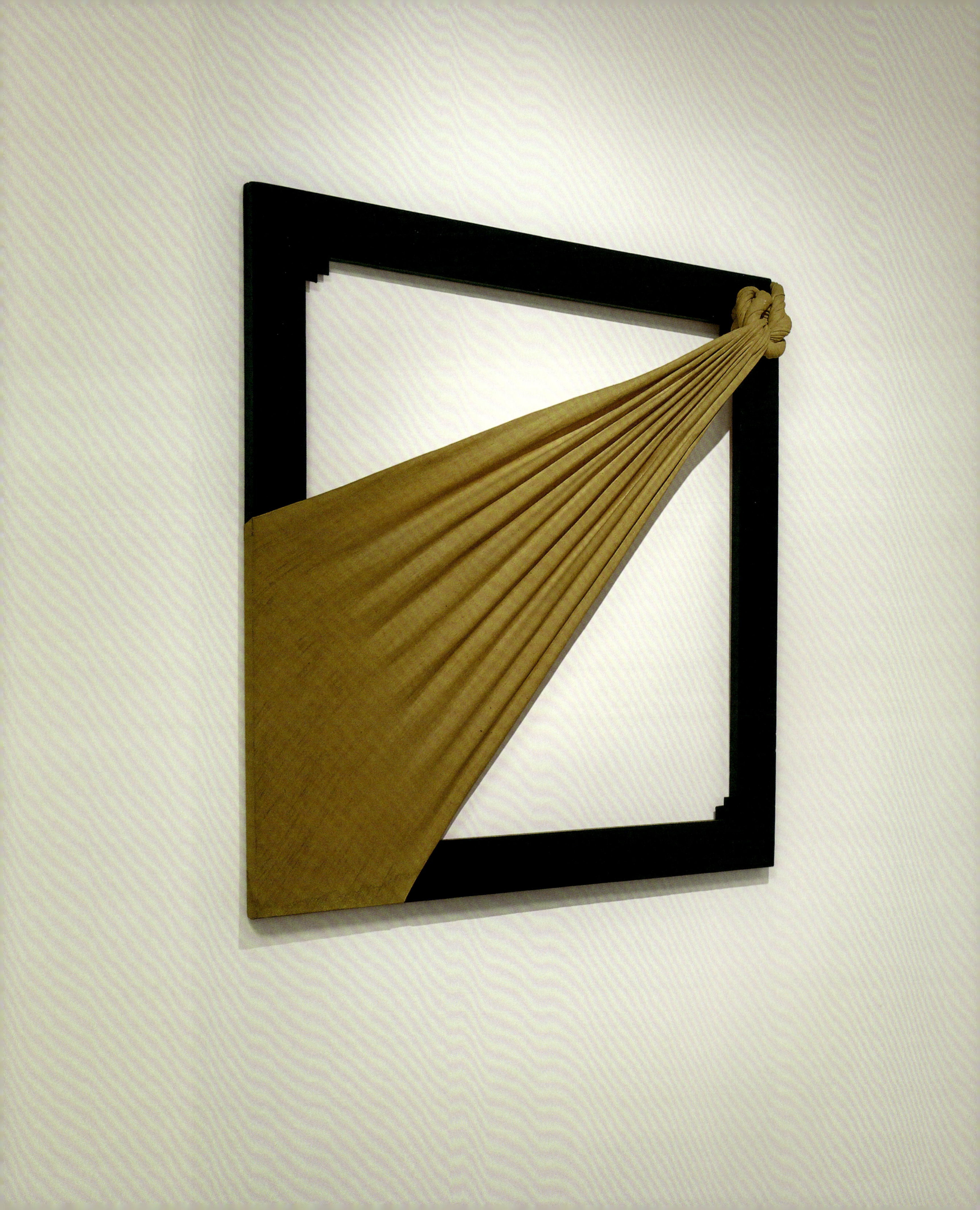

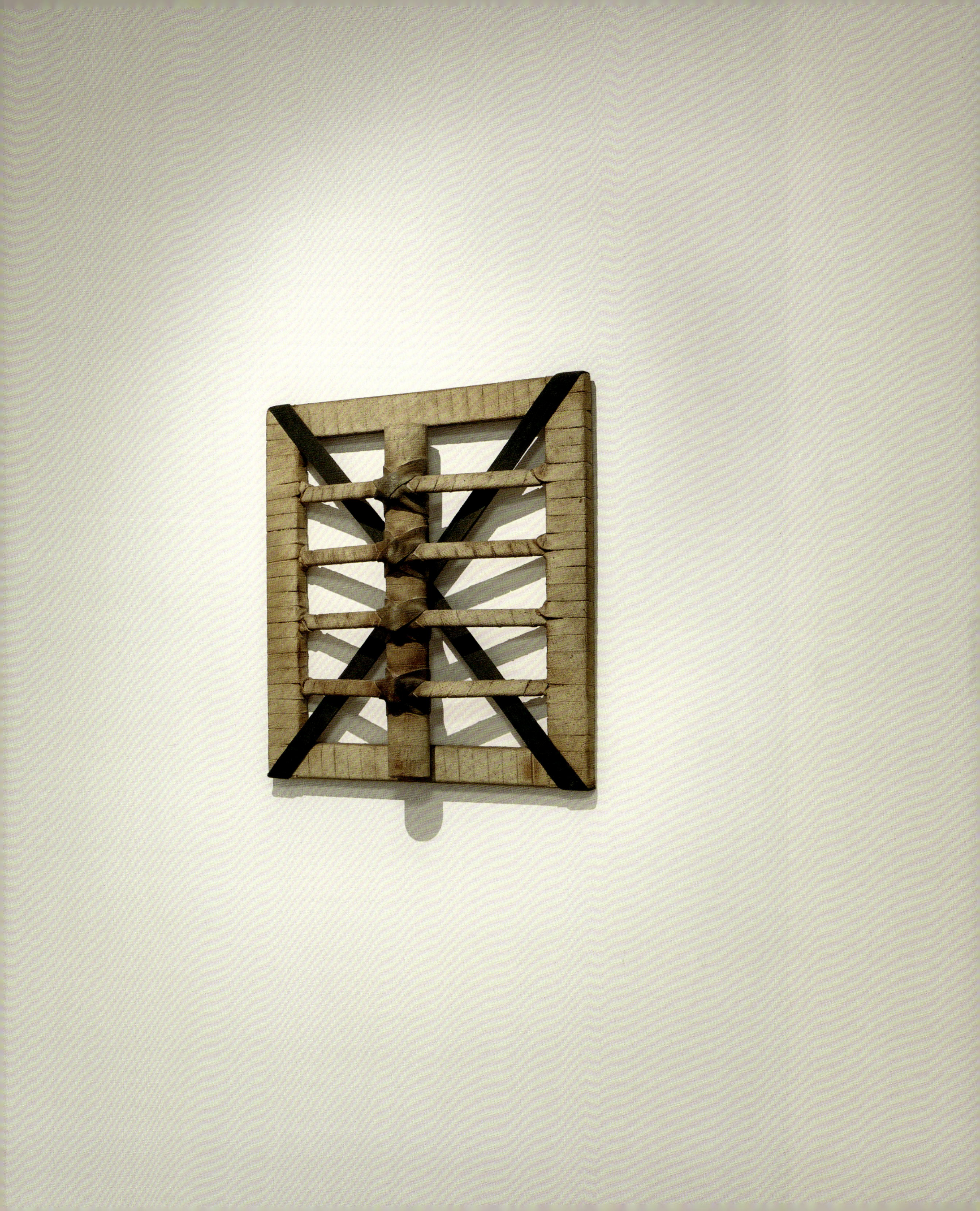

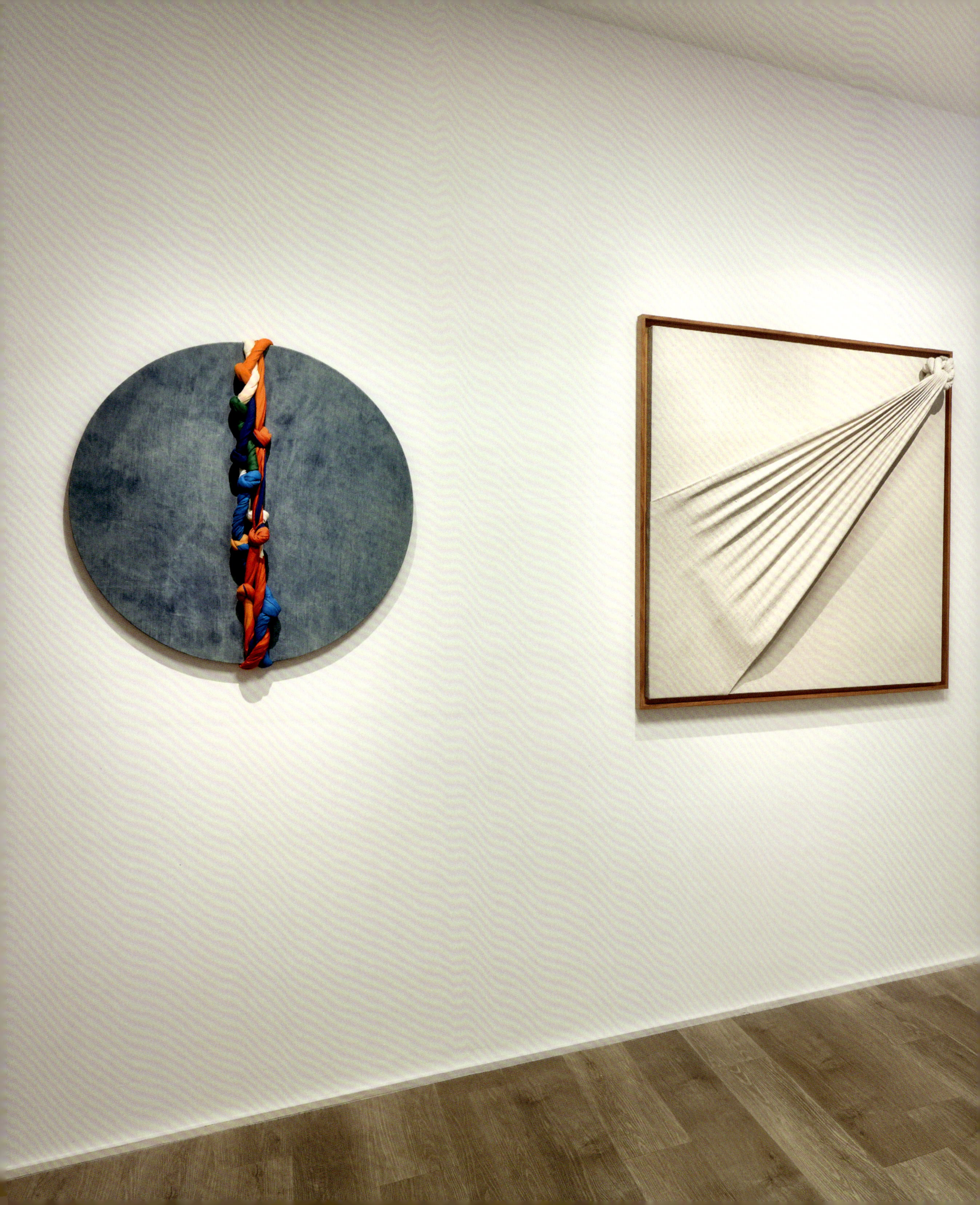

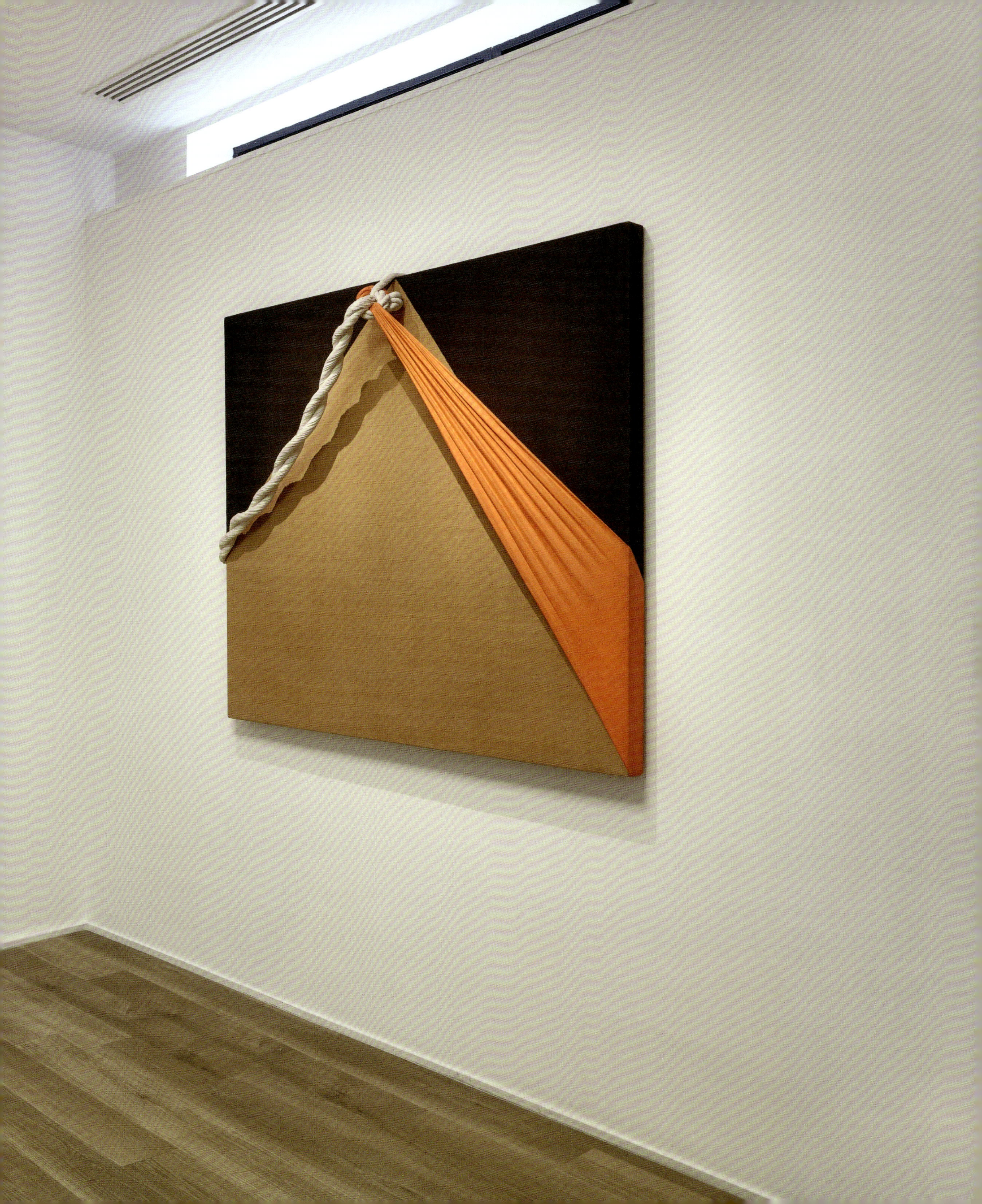

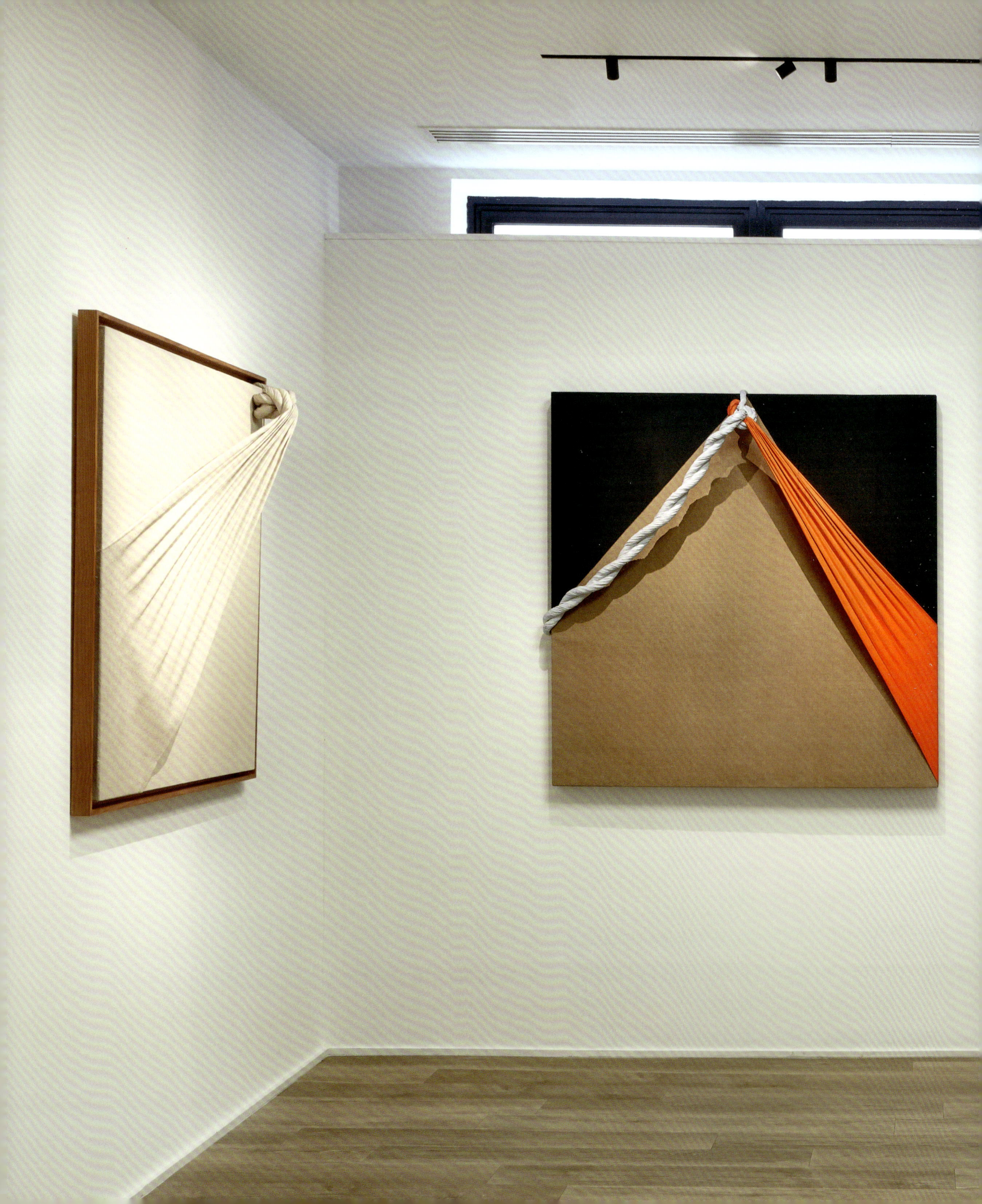

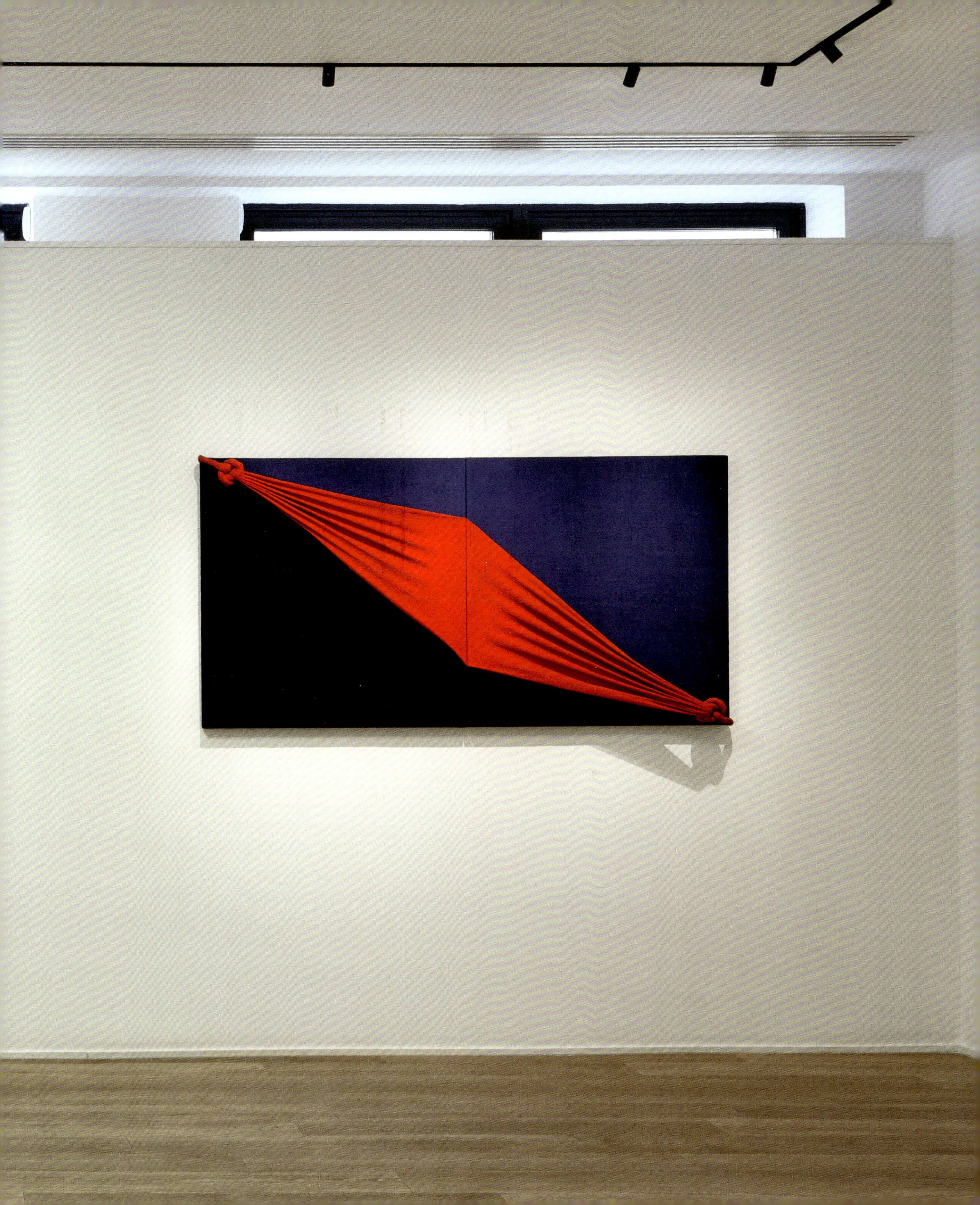

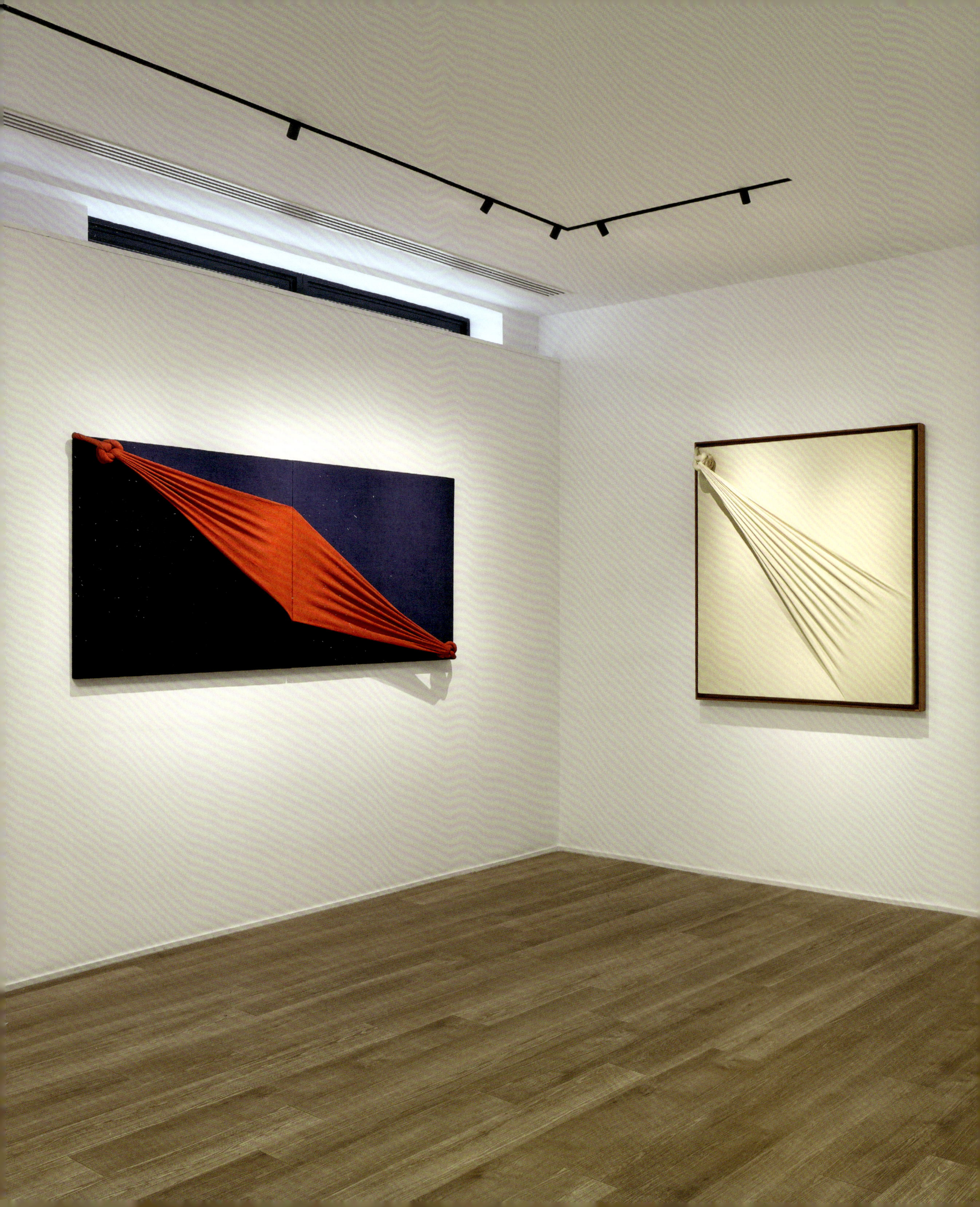

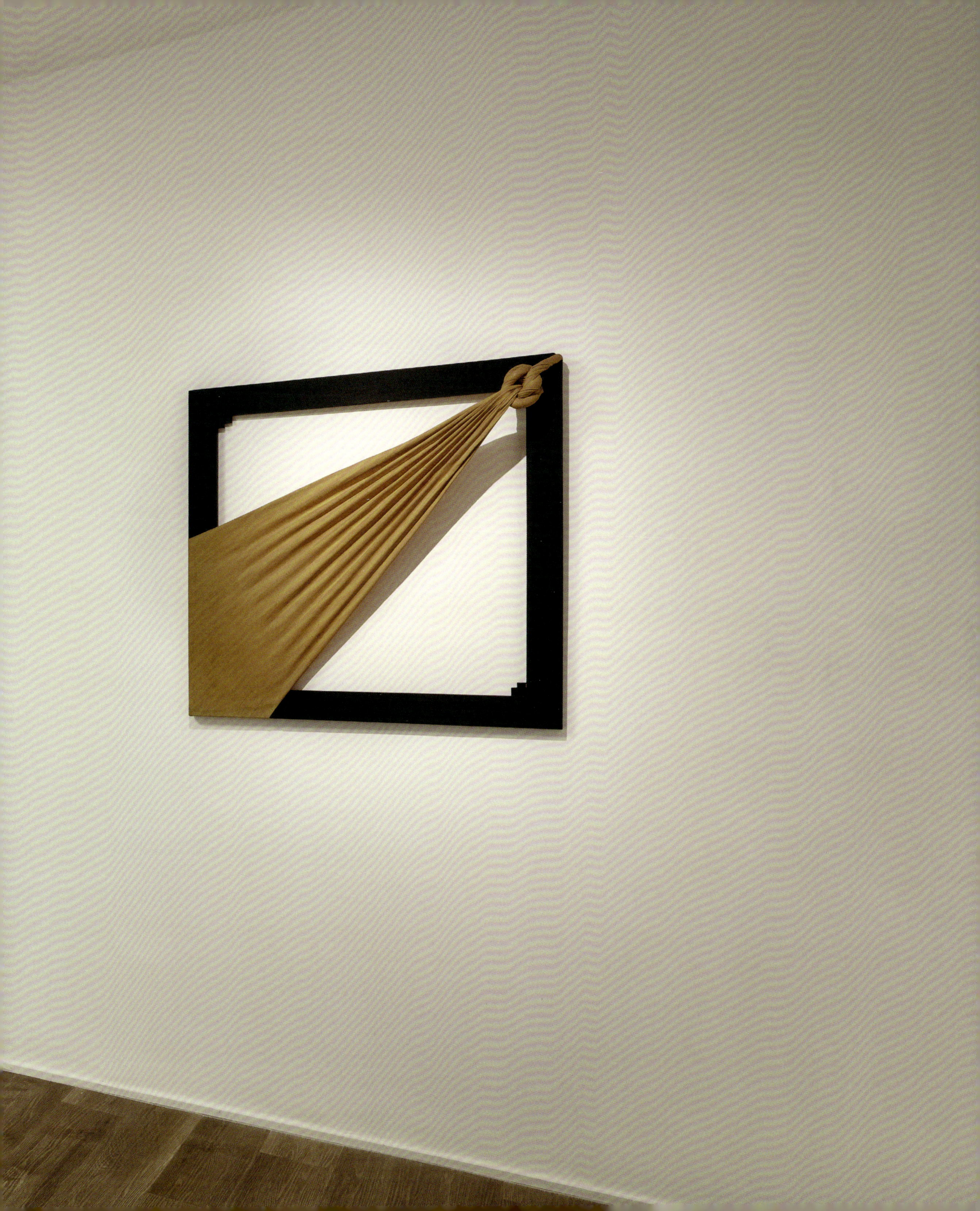

Materia, segno, spazio

L'energia del cosmo nell'opera di Jorge Eielson

Francesca Pola

Jorge Eielson è un artista globale, che ha sempre inteso operare senza frontiere geografiche, culturali, disciplinari: figura fondamentale nell'arte della seconda metà del XX secolo, la cui importanza sta acquisendo un crescente riconoscimento internazionale, proprio in ragione dell'attualità di un linguaggio sin dagli esordi fortemente cosmopolita, eppure profondamente legato a una dimensione di memoria attiva che sostanzia le sue immagini, parole e azioni.

Poeta e scrittore, prima ancora che artista visivo, ha da sempre ricercato forme di comunicazione artistica che esprimessero il dialogo tra diverse specificità e culture, al di là di convenzioni acquisite e pratiche consolidate. La dimensione sperimentale e radicale del suo lavoro lo ha portato a condensare i differenti aspetti della sua creatività in opere artistiche essenziali, senza tuttavia mai rinunciare a una dimensione narrativa e simbolica che le sostanzia di contenuti poetici profondamente umani.

La mostra alla Cortesi Gallery, di cui questo volume è insieme documento e chiave di lettura, è la prima personale di Eielson a Londra e nel Regno Unito: realizzata in collaborazione con l'Archivio e il Centro Studi a lui dedicati, raccoglie una serie di esempi fondamentali del suo lavoro, per presentare i momenti cruciali della sua attività creativa, con un particolare riferimento al contesto italiano che, dai primi anni cinquanta (quando l'artista si trasferisce a Roma, per poi spostarsi a Milano negli anni settanta), ha costituito uno degli orizzonti imprescindibili e cruciali della sua maturazione artistica.

Eielson espone i suoi primi lavori di arte visiva già nel 1948 a Lima, sua città natale: sono opere che parlano il linguaggio di un'astrazione di matrice insieme geometrico-architettonica e surreale, e già testimoniano la ricerca di una dimensione assoluta che connoterà il suo percorso maturo. La prima personale italiana è alla Galleria L'Obelisco di Roma nel 1953, e viene così recensita da Emilio Villa, altro grande poeta visionario e sperimentatore d'intrecci linguistici e visivi: "Ho visto, appesi tra i velluti dell'Obelisco di via Sistina, le sue opere, i suoi apparecchi, diciamo così spaziali, i suoi severi giocattoli algebrici, intreccio delicato di fili d'ottone e contrappesi di sfere colorate, palpitare sopra il fiato della gente che va e viene. L'uomo delle Ande ha inventato gli ordigni più sottili e matematicamente fievoli, trepidanti, che io abbia visto, con la stessa diligenza di un antico andino che scrive sulle corde e sugli spaghi con l'interazione dei nodi"[1]. Di lì a poco meno di un decennio, sarà proprio il nodo, inteso come segno insieme ancestrale e linguistico, tensione di materia e aspirazione di spazio, a costituire il fulcro del suo operare creativo.

Il percorso maturo dell'opera artistica di Eielson prende avvio dalle matericità rarefatte e informali dei suoi *Paesaggi infiniti della Costa del Perù*, avviati alla fine degli anni cinquanta [p. 71]. Sono superfici in cui la combinazione di cementi e sabbie non ha la pesantezza delle occlusioni e

Matter, Sign, Space

The Energy of the Cosmos in the Work of Jorge Eielson

Jorge Eielson is a global artist, who has always aimed to work outside of any geographical, cultural, disciplinary borders: he is a fundamental figure in the art of the second half of the twentieth century whose importance is gaining recognition internationally, precisely because of the relevance of a language that was highly cosmopolitan from the outset, yet profoundly bound up with a dimension of active memory substantiating its images, words, and acts.

Poet and writer even before visual artist, he has always sought forms of artistic communication that express dialogue between different specificities and cultures, beyond acquired conventions and consolidated practises. The experimental and radical dimension of his work led him to condense the different aspects of his creativity into essential artistic works, without ever renouncing a narrative and symbolic dimension that substantiates it with profoundly human poetic content.

The exhibition at the Cortesi Gallery, which this volume documents while offering a key to its interpretation, is Eielson's first solo show in London and in the United Kingdom. Realised in collaboration with the Archive and Study Centre named after him, it contains a series of essential examples of his work, presenting the crucial moments of his creative activity with particular reference to the Italian context which, since the early 1950s (when the artist moved to Rome, then resettling in Milan in the 1970s), has represented one of the cardinal critical horizons of his artistic development.

Eielson exhibited his first pieces of visual art already in 1948 in Lima, his native city: they are works that speak the language of an abstraction at once geometric-architectural and surreal, and already testify to the quest for an absolute dimension that would characterize his mature career. The first solo exhibition in Italy was at the Galleria L'Obelisco in Rome in 1953, and it was reviewed as follows by Emilio Villa, another great poet, visionary and assayer of linguistic and visual weaves: 'I saw, hanging among the velvets of the Obelisco in Via Sistina, his works, his, let's say, spatial devices, his austere algebraic toys, with their delicate weave of brass wires and coloured sphere counterweights, fluttering over the breath of the people who are coming and going. The man of the Andes has invested the subtlest, mathematically weakest, angst-ridden explosive devices I have ever seen, with the same diligence of an ancient Andean writing on cords and strings through the interplay of knots'.[1] Within a little less than a decade, it was the knot, precisely — understood as a sign, both ancestral and linguistic, of the tension between matter and the longing for space — that was at the heart of his creative process.

Eielson's artistic maturity got underway with the rarefied and *informel* textures of his *Paesaggi infiniti della Costa del Perù* (Infinite Landscapes of the Coast of Peru), started at the close of the 1950s [p. 71]. They are surfaces in which the mix of cements and sands does not have the heaviness of the materials saturating and clogging the work of various other European artists in

The Museum of Modern Art,
New York, 1965

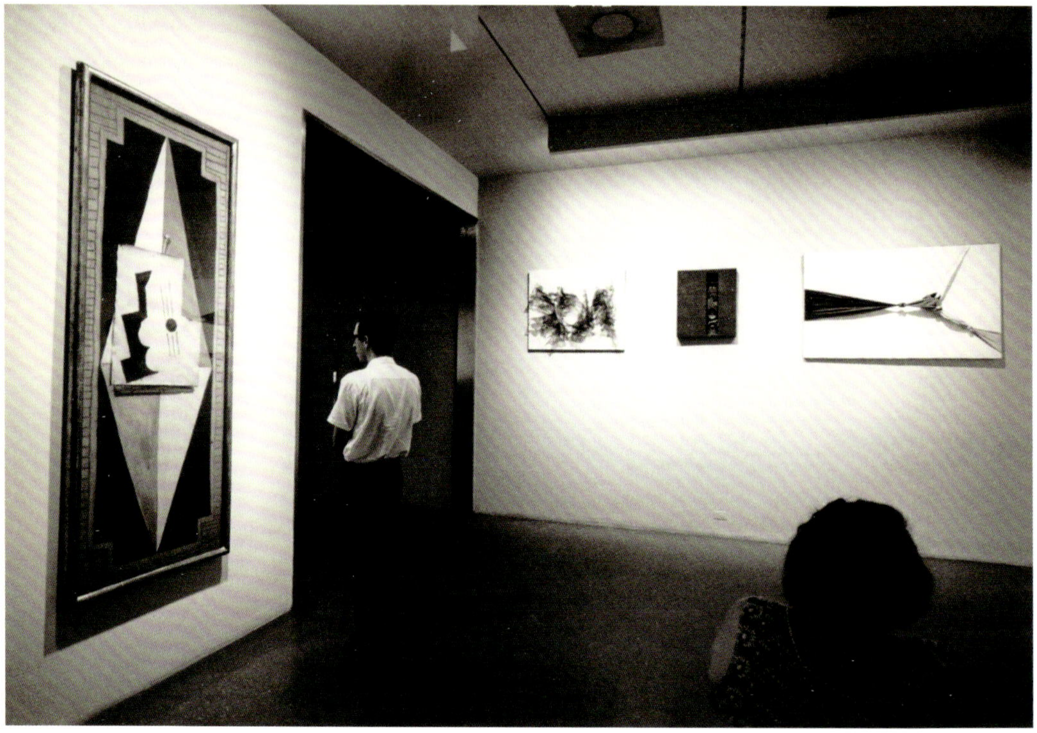

saturazioni materiche che si ritrovano in vari autori europei di questi anni, ma si distilla invece in una dimensione di memoria e sogno. Una memoria che tuttavia, come sempre sarà in Eielson, non è reminiscenza o sguardo al passato, ma attivazione psichica della superficie come sostanza umana. Sono lavori che già definiscono le due polarità del suo operare: da un lato la sua cultura d'origine, quella del Perù; dall'altro il mondo e l'universo, in un orizzonte che è quello cosmico dell'esplorazione dell'infinito come dimensione insieme percepibile e allusa, in un rimando continuo sul margine di una conoscenza che costituisce l'obiettivo principale delle sue speculazioni. Il suo è un linguaggio artistico universale e internazionale, ma impregnato del suo senso di appartenenza al Perù, alla sua cultura concepita in senso non tanto nazionalistico quanto psicologico, che fa di questi paesaggi un orizzonte insieme esistenziale e culturale[2].

L'arte è per Eielson chiave di lettura del mondo, attraverso un'appropriazione continua che ne condensa materiali, oggetti, tensioni e spazi in indici e segni. Lo testimoniano i lavori dei primi anni sessanta, come *Composizione*, 1962 (esposta nella personale alla Galleria Lorenzelli di Milano del 1963) [p. 73], in cui il prelievo oggettuale viene rivisitato e acquisito alla pittura: tessuti e capi di vestiario (camicie, pantaloni, cappelli) vengono strappati, bruciati, tagliati e mescolati a superfici materiche. Così ne parla l'artista: "Per quanto riguarda il significato degli indumenti inseriti nel quadro posso dire che rappresentano una critica alla società organizzata, una presa di coscienza dei tabù che circondano la nudità, dell'ipocrisia e della falsità dell'abbigliamento, della manipolazione sociale cui è asservito il corpo umano, situazioni, queste ultime, determinate da esigenze che, paradossalmente, toccano la sfera del magico, del rituale e del sacramentale ma anche dell'economico e del morale. Fin da ragazzo ho amato la 'nudità' e aborrito tutto ciò che la rendeva inerte ed invisibile"[3].

Sono gli esiti degli anni del primo soggiorno parigino del 1948, dove grazie a una borsa di studio del governo peruviano Eielson entra in contatto con le grandi avanguardie internazionali (vi tornerà vent'anni dopo); e dell'ancor più decisiva esperienza romana, che a partire dal 1951

these years, but rather is distilled in a dimension of memories and dreams — memories, however, as always in Eielson, that are not reminiscences or a view of the past, but psychic activation of the surface as a human substance. They are works that already define the two opposite shores of his work: on the one hand, his native culture, that of Peru; on the other, the world and the universe, within a cosmic context. He explores the infinite as a dimension at once perceptible and alluded to, hovering on the fringes of an awareness that is the main objective of his speculations. His artistic language is a universal and international one, though permeated with his sense of belonging to Peru, his culture conceived not so much nationalistic as psychological, which makes these landscapes a horizon that is at once existential and cultural.[2]

For Eielson, art is the key to interpreting the world, through constant appropriation condensing its materials, objects, tensions, and spaces in indices and signs. The works from the early 1960s illustrate this, such as *Composition*, 1962 (shown at the solo exhibition at Galleria Lorenzelli, Milan, 1963) [p. 73], in which the found object is revisited and adopted for painting: fabrics and articles of clothing (shirts, trousers, hats) are torn, burned cut up, and mixed with the highly tactile surfaces. This is what the artist says: 'As far as the significance of the clothing inserted in the painting, I can say that they represent a criticism of organised society, an awareness of the taboos surrounding nudity, the hypocrisy and the deceit of apparel, the social manipulation to which the human figure is subject, all situations determined by needs that, paradoxically, touch on the sphere of the magic, ritual, and the sacramental, but also that of economics and morals. Ever since I was a boy, I have loved "nudity" and abhorred whatever made it inert and invisible'.[3]

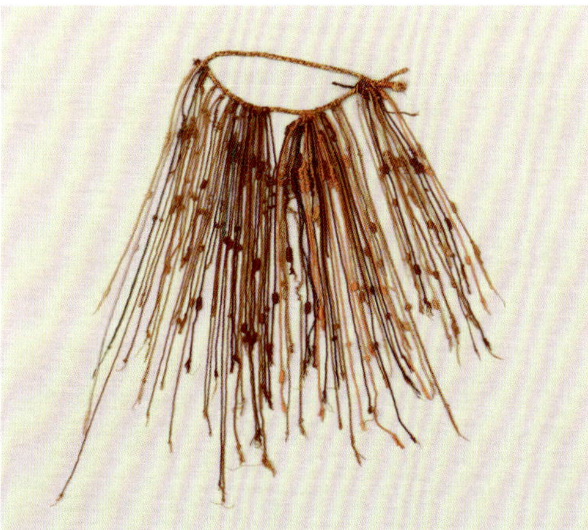

Quipu
Peru, northern coast / Perù, costa settentrionale
Inca culture / Cultura Inca
Fifteenth–sixteenth centuries / XV-XVI secolo
Raw and dyed cotton, spun and twisted, knotted
Cotone greggio e tinto, filato e ritorto, annodature
Collezione Federico Balzarotti
Inv. PAM 1326
Mudec – Museo delle Culture, Milano

They are the outcome of the years of his first stay in Paris, in 1948, where, thanks to a scholarship offered by the government of Peru, Eielson came into contact with the great international avant-gardes (he was to return twenty years later). Even more decisive was the experience in Rome, which, starting in 1951, provided the stimuli crucial to the maturation of his highly personal visual idiom (which later further evolved with his move in the 1970s to Milan). Representing this climate of metamorphosis in his artmaking in dialogue with the Italian cultural milieu, are some works presented in the exhibition and published here. They are works that seem particularly in alignment with the multifaceted character of Eielson's research: experiments with the materials, the sign, and the spatial nature of the form, typified by such artists as Lucio Fontana, Giuseppe Capogrossi, Salvatore Scarpitta, Enrico Castellani and Agostino Bonalumi. Also published in this volume are some seminal notes by the artist that accompany the evolution of his artworks and his relationships during these years. They are translated here for the first time, to make them accessible to an international public: one is dedicated to the *Infinite Landscapes of the Coast of Peru*, which represent the starting point of his journey; two texts written in Paris at the close of the 1960s, in which the artist describes his creative approaches in relation to the international context; a revealing interview of 1972, in which Eielson discusses the relationship between writing and art, and outlines his crucial works of that year, such as *El cuerpo de Giulia-no* / Giulia-no's Body at the Venice Biennale and the *Gran Quipus de las Naciones* / Great Quipus of the Nations at the Munich Olympics; as well as a significant monographic essay that he dedicated in 1956 to Capogrossi's use of the sign in his art, calling him "painter of mutations".[4]

Eielson's first Quipus dates from 1963, and from that year on it was a distinctive element in his language. The torsion and the tension of the fabric, articulated in knots inspired, precisely, by the *quipus*, the ancient language of the pre-Columbian Incas of Peru, is used by Eielson

Invitation le 16 décembre 1969 de 22h à...
chez Emile Laugier,7 impasse Charrière à
Paris 11, 4°étage.Tel.355 59 74- Dîner
La bouche des autres. (Participation
aux frais 10F)- Les Supermarket(1°
audition)- Respiration- Smoking-
Turned-on earth- l'Assis - Nos
Noms- l'Acte Bois- Sculpture
souterraine- Maman, j'ai pe
ur du noir(en allemand)
Participants:Badal,Bes
lon,Bridault,Degotte
x,Dupuy,Eielson,La
ugier,le Public,
Merri,Pindray,
Rougemont,To
che.Invita
tion pou
r 2 pe
rson
ne
s

Invitation / Invito, Galerie Sonnabend, Paris, 1969

si rivela foriera di sollecitazioni cruciali alla maturazione del suo idioma visivo personalissimo (in seguito evoluto anche con il suo trasferimento a Milano a partire dagli anni settanta). A restituire questo contesto di metamorfosi della sua esperienza artistica in dialogo con l'ambito culturale italiano, vengono presentate in mostra e qui pubblicate anche alcune opere che paiono particolarmente affini alla identità molteplice del suo lavoro: ricerche sulla materia, sul segno e sulla spazialità della forma, esemplificate da autori come Lucio Fontana, Giuseppe Capogrossi, Salvatore Scarpitta, Enrico Castellani, Agostino Bonalumi. Vengono inoltre pubblicati in questo volume, e per la prima volta tradotti per renderli accessibili a un pubblico internazionale, alcuni significativi scritti dell'artista che accompagnano l'evoluzione del suo lavoro artistico di questi anni e queste relazioni: uno dedicato ai *Paesaggi infiniti della Costa del Perù* come radice del proprio percorso; due testi scritti a Parigi alla fine degli anni sessanta, in cui l'autore delinea le proprie posizioni artistiche in rapporto al contesto internazionale; una rivelatoria intervista del 1972, in cui Eielson parla del rapporto tra la scrittura e l'arte e delinea sue opere cruciali di quell'anno, come *Il corpo di Giulia-no* alla Biennale di Venezia e il *Gran Quipus de las Naciones* alle Olimpiadi di Monaco di Baviera; oltre a un significativo saggio monografico da lui dedicato nel 1956 all'arte segnica di Capogrossi, "pittore delle mutazioni"[4].

Del 1963 è il primo Quipus di Eielson, elemento che diviene da questa data fattore distintivo del suo linguaggio: la torsione e tensione del tessuto, che viene articolato in nodi ispirati appunto al *quipus*, antico linguaggio degli incas precolombiani del Perù, ma nel quale Eielson concentra molteplici significati di diverse culture e provenienze, facendone un segno di comunicazione transculturale e globale. Così come, a differenza di movimenti coevi come il nouveau réalisme o il neodada, l'elemento oggettuale non è in lui mai utilizzato come indice o prelievo ma come suggestione e riverbero di umanità, analogamente le grandi spazialità delle sue tele (prevalentemente monocrome) sono strutturate in forme geometriche attivate dai nodi dei Quipus, che declinano l'idea della *shaped canvas* in una direzione fortemente personale e suggestiva, carica al tempo stesso di memoria e di una energia fisica interiore. Pierre Restany, teorico dei nouveaux réalistes, esplicita chiaramente la differenza del suo gesto, sia nel prelievo oggettuale sia nella reinvenzione del nodo, rispetto al contesto internazionale delle ricerche coeve: "Il gesto di Eielson è diverso da quello, appropriatore, dei nouveaux réalistes, o da quello, manipolatore, dell'arte povera. Quando, nella prima metà degli anni Sessanta, conobbi Eielson a Parigi, all'epoca della Galerie J, potei studiare in tutta libertà le motivazioni della sua gestualità nodale e osservare la differenza che separava al primo sguardo i Quipus dagli imballaggi, dalle accumulazioni, dai décollages. Il gesto dell'approssimazione nouveau réaliste è un gesto in sé, formatore a priori di linguaggio. Il gesto di Eielson è quello di un'azione esistenziale portata al parossismo dalla tensione fisica e dalla concentrazione di energia. Quando l'energia dell'artista si esaurisce è perché si è integralmente trasferita nel Quipus. [...] L'analogia più profonda, come ama ripetere Eielson è offerta senza dubbio dal gesto ripetitivo all'infinito dei 'tagli' di Fontana"[5].

Il nodo di Eielson è archetipo non geometrico, concentrato di tensione ed energia concepito come strumento di connessione e conoscenza universale: per questo, pare molto vicino alle ricerche spaziali di Lucio Fontana, giacché ne sviluppa in chiave formalmente diversa la medesima riflessione sulla relazione tra uomo e cosmo intesa in senso scientifico e futuro. I Quipus preispanici non vengono ripresi da Eielson come vuota citazione storicistica, ma come segno di ricreazione e reinvenzione del nostro rapporto con il mondo e l'universo: da qui la dialettica tra primordiale e

to condense multiple meanings from various cultures and provenances, making it a sign of transcultural, global communication. Just as in his work — unlike that of such coeval movements as nouveau réalisme or neodada — the object-element is never used as an index or a find, but rather as a suggestion and reverberation of humanity, analogously, the great spatiality of his canvases (prevalently monochrome) is structured in geometric forms activated by the Quipus knots that articulate the idea of the shaped canvas in a highly personal and thought-provoking way, at the same time fraught with memory and an inner physical energy. Pierre Restany, the nouveau réalistes theorist, clearly explains the novelty of his gesture, both in the collection of the object and in the reinvention of the knot, with respect to the contemporary international milieu of experimentation: 'Eielson's gesture is different from the appropriating one of the nouveaux réalistes, or the manipulative one of *arte povera*. When I met Eielson in Paris in the first half of the 1960s, in the days of Galerie J, I was completely free to study the reasons for his nodal gestures and observe the differences that at first glance separated the Quipus from the packages, the accumulations, the décollages. The nouveau réaliste gesture of approximation is a gesture in itself, an a priori shaper of languages. Eielson's gesture is an existential act taken to paroxysm by the physical tension and the concentration of energy. When the artist's energy is used up, it is because it has been fully transferred to the Quipus. [...] The deepest analogy, as Eielson loves to say, is doubtlessly offered by the gesture of Fontana's infinitely repeated "slashes"'.[5]

Eielson's knot is a non-geometric archetype, a concentrate of tension and energy conceived as an instrument for universal connection and knowledge: for this reason, it seems very close to Lucio Fontana's spatial experiments, since he develops in a formally different key the same reflection on the relationship between man and cosmos, understood in the scientific and futuristic sense. The pre-Hispanic Quipus are not taken up by Eielson as an empty historicist citation, but as a sign of the re-creation and reinvention of our relationship with the world and the universe: hence, the dialectic between primordial and ultra-modern, between ancient and future, that connotes the unfathomable dimension of his work, developed between the absolute clarity and precision of surfaces and articulations, and their constant variation around the same problem, which is both formal and at the same time existential: to render in an image contemporary man's changed anthropological dimension in his relationship with a cosmos that is ever closer and more explorable.

Galerie Arditti, Paris, 1972

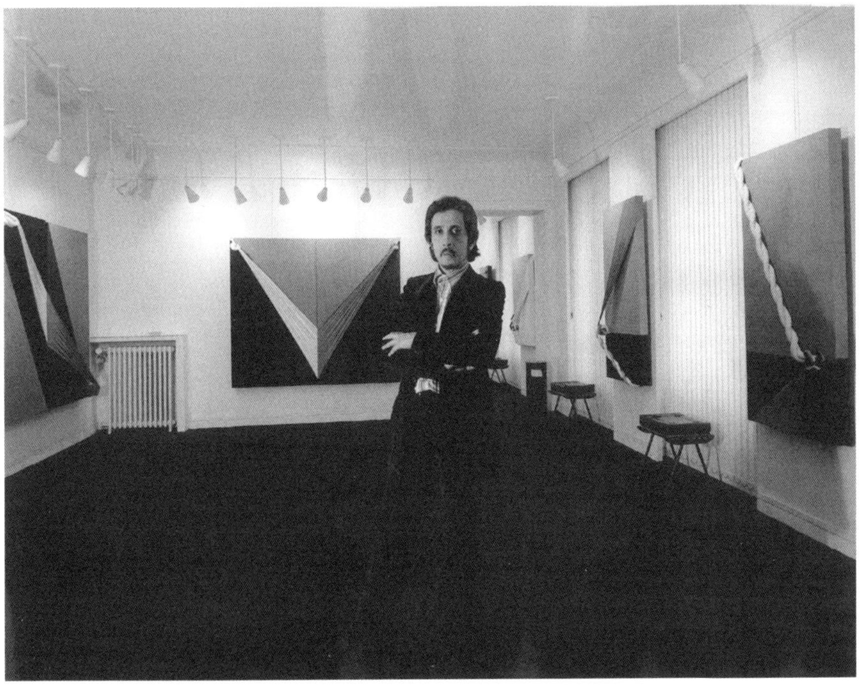

It is this constant quest for authenticity that guides Eielson's knotting: a primordial gesture that, starting from these weaves of human stories, makes them absolute, snatches them from their fate of recognisability and transience to make an absolute place and sign of them: taking world and language, human traces and their codification in signs, and making them coincide. As Martha Canfield correctly explained: 'The knot for him is graphic sign, aesthetic underpinning, and nucleus of colour. Just as it is also the welding point between the pre-Columbian past of his country and its historic and artistic present. Other Latin American artists have looked to the codices of the Maya and Aztec civilisations, or other forms of pre-Hispanic art, for a

modernissimo, tra antico e futuro che connota la dimensione inafferrabile del suo lavoro, declinato tra il nitore assoluto di superfici e articolazioni e la loro continua variazione attorno al medesimo problema, che è insieme formale ed esistenziale: restituire in immagine la mutata dimensione antropologica dell'uomo contemporaneo nella sua relazione con un cosmo sempre più vicino ed esplorabile.

È questa costante ricerca di autenticità che guida l'annodare di Eielson: un gesto primordiale che parte da questi tessuti di storie umane e li assolutizza, li sottrae al loro destino di riconoscibilità e caducità per farne un luogo e un segno assoluti, nel portare a coincidere mondo e linguaggio, traccia umana e sua codificazione in segni. Come correttamente esplicitato da Martha Canfield: "Il nodo è per lui segno grafico, fondamento estetico e nucleo del colore. Così come è anche il punto di saldatura tra il passato precolombiano del suo paese e il suo presente storico ed artistico. Altri artisti latinoamericani hanno cercato nei codici maya e aztechi, o in altre forme dell'arte preispanica, un segno che potesse modulare il loro linguaggio contemporaneo con la suggestione e le profondità delle radici storiche: così lo hanno fatto attraverso diverse invenzioni pittoriche, il cileno Matta, il cubano Lam, l'uruguaiano Torres García e altri. Però solo Eielson ha trovato un fondamento artistico e antropologico nel Quipu peruviano e ha saputo trasformare l'antico segno *quechua* nel nucleo estetico e semantico di un linguaggio squisitamente moderno"[6].

I primi Quipus vengono presentati dall'artista alla Biennale Internazionale d'Arte di Venezia del 1964, dove suscitano l'immediato interesse di Alfred Barr, direttore del Museum of Modern Art di New York, e del collezionista americano Nelson Rockefeller, che subito li acquisiscono alle rispettive raccolte [pp. 30, 36]. Le superfici dei nodi sono monocrome o a fasce policrome, ritmate in intervalli mai ripetitivi: echeggiano la musica delle stelle, la rete cosmica del destino umano, diventando luogo di connessione e solidarietà, fisico prima ancora che simbolico. La variazione dei nodi di Eielson non è pura ripetizione, ma proliferazione quasi fisiologica, in cui l'artista coniuga visione scientifica e civiltà arcaica, al confluire di arte e natura (e parrebbe in questo anticipare le successive soluzioni di Mario

Biennale Internazionale d'Arte, Venezia, 1972

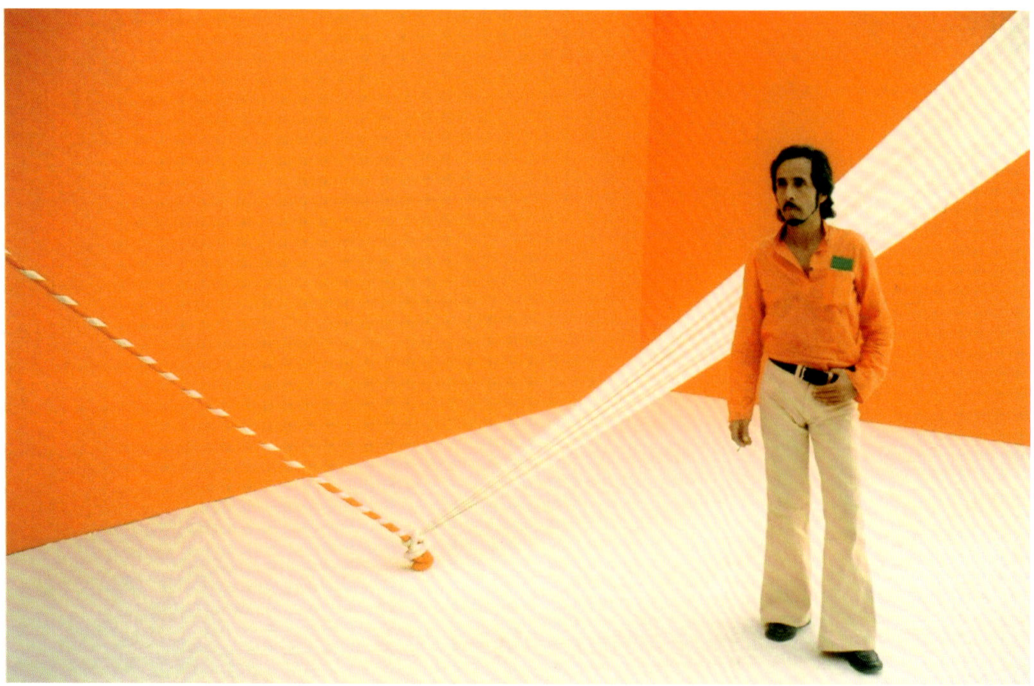

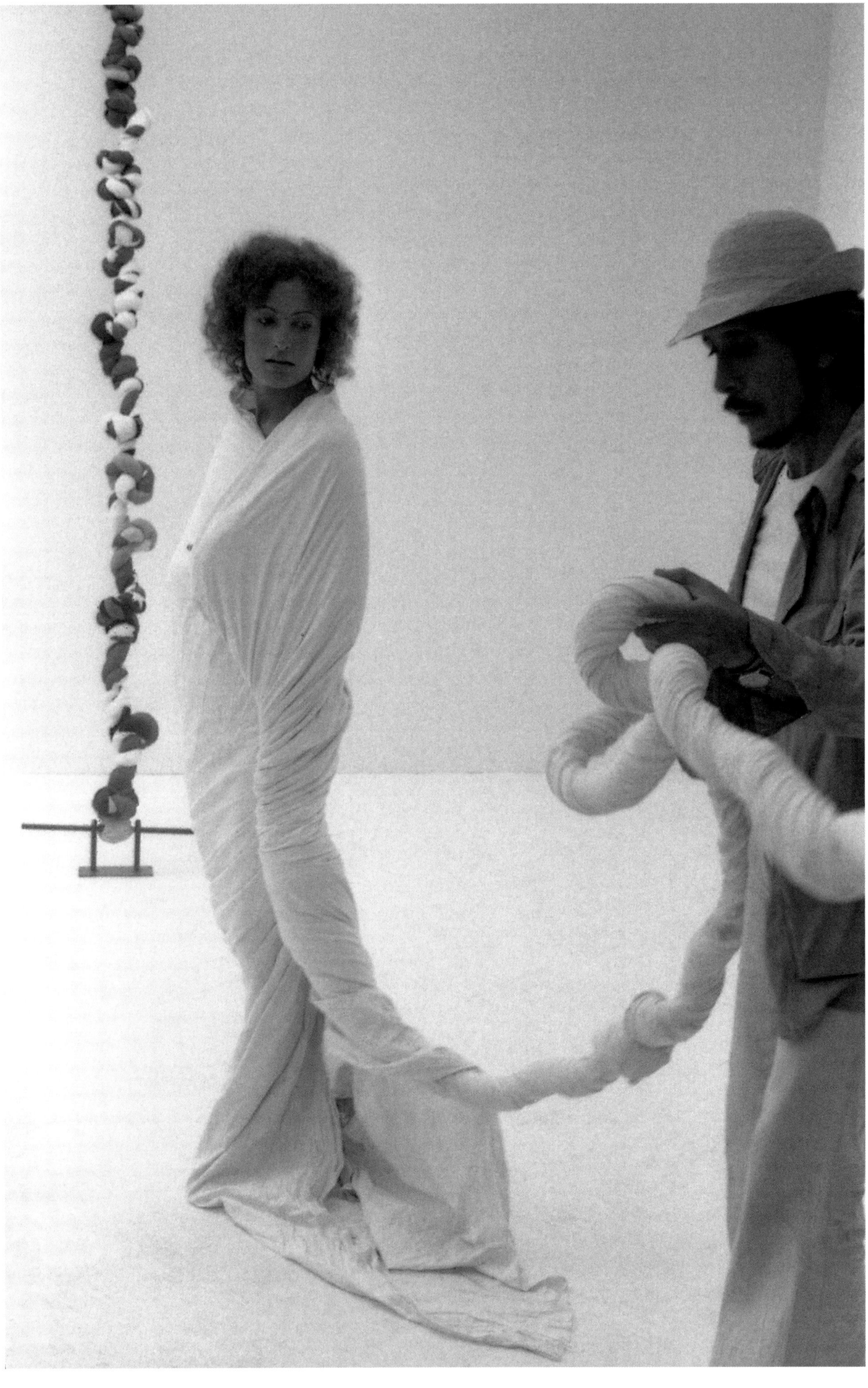

Il corpo di Giulia-no, Biennale Internazionale d'Arte, Venezia, 1972

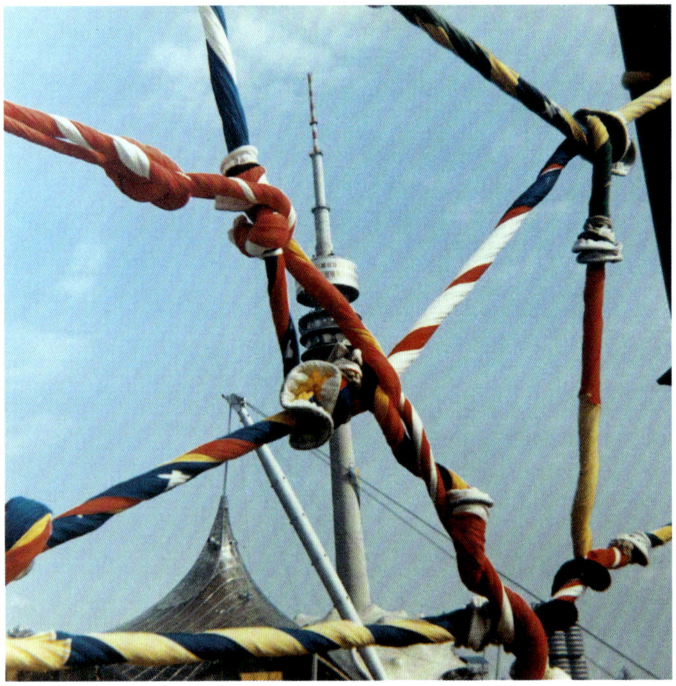

Gran Quipus de las Naciones, Olympic Games, Munich, 1972
Gran Quipus de las Naciones, Olimpiadi, Monaco di Baviera, 1972

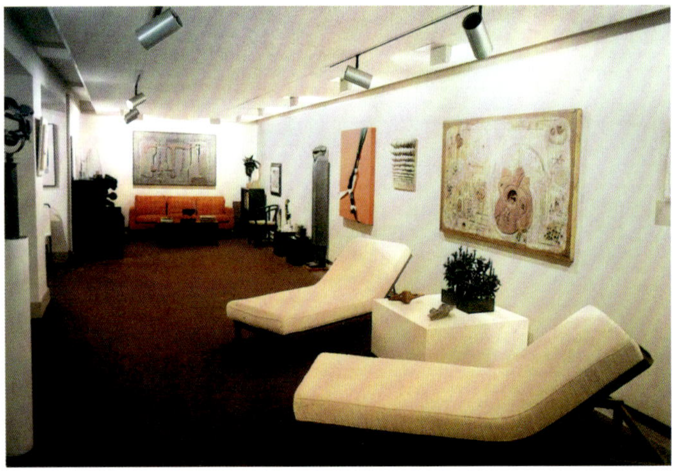

Rockefeller House, Pocantico Hills, 1981

Merz ispirate alla sequenza di Fibonacci): "Vale la pena notare la singolare analogia tra l'intuizione artistica che genera la creazione della grandissima varietà di nodi nell'artista e poeta peruviano Jorge Eduardo Eielson e il ruolo essenziale interpretato da questi nodi, non solo nel mondo della matematica astratta, ma anche nel regno della natura. Difatti, Eielson sembra aver colto questo punto fondamentale: i nodi e i legami sono strutture capaci di costruire continuamente una rete di rapporti interattivi, da cui emanano le informazioni necessarie all'evoluzione della vita e lo sviluppo della mente. Queste configurazioni autoriproducenti di nodi e legami permettono alla natura il rilascio di nuove energie fisiche, agli organismi di espletare funzioni vitali per il mantenimento della nostra esistenza"[7].

L'interattività del nodo, inteso come azione e non come puro elemento formale, va compresa proprio in questa chiave fisiologica di lettura e ricreazione del mondo, attraverso segni che sono il materializzarsi di spazio e pensiero insieme, estensione del corpo in ambiente, possibilità stessa di relazione. Il nodo-Quipus è struttura geometrica e oggettuale al contempo, peculiare risposta di Eielson al problema del superamento della superficie come riproduzione o ricezione fittizia del mondo, per una visione di autenticità che assume presto una dimensione ambientale, performativa e temporale. Una ricerca di verità che si ritrova anche nelle sue installazioni a contenuto variabile, come il *Poema escultórico* del 1979-1980 [pp. 37, 85], in cui su una stessa sedia è previsto di collocare ogni giorno un oggetto diverso, come fossero appunto versi successivi di un unico componimento poetico; o nelle sue azioni dal vivo, quali *Il corpo di Giulia-no* presentata alla Biennale di Venezia del 1972 [p. 35]. Tutto il suo lavoro non è che il continuare a enucleare un unico problema, quello della conoscenza, in cui scrittura, visualità e azione sono modalità di appropriazione e restituzione del mondo in una chiave cosmica di infinito. Materia, segno, spazio – tradotti in oggetti, azioni, installazioni, poesie e prose – non sono che il declinare questo linguaggio di nodi semantici ed esistenziali in una pluralità e multiformità del suo lavoro che non diviene mai eclettismo o contaminazione: Eielson non mescola ma integra diverse forme espressive in una visione unitaria, mantenendo la specificità e autonomia di ciascun ambito. Si comprende allora il legame coerente e diretto dei Quipus con le sue opere a carattere concettuale e performativo, che in particolare dalla fine degli anni sessanta costituiscono un *corpus* altrettanto significativo del suo lavoro, come ad esempio le *Esculturas subterráneas* [p. 32] concepite tra 1966 e 1969 per Roma, Lima, Parigi, Eningen, New York e presentate alla mostra "Plans and projects as art" alla Kunstalle di Berna (1969).

L'opera di Eielson, come testimoniato da queste realizzazioni, vive di un nomadismo cosmopolita che non ha nulla di sentimentale o folklorico, ma si riconnette direttamente a una dimensione universale e cosmica. Lo esprime compiutamente quanto suggestivamente una poesia scritta dall'autore a Roma nei primi anni cinquanta, dove la sedia (elemento insieme quotidiano e simbolico che diverrà fulcro delle mutazioni del successivo *Poema escultórico*) pare salvarlo dal perdersi nell'abisso esistenzialista, riconnettendolo al destino delle stelle:

sign that could modulate their contemporary language with the suggestiveness and depth of their historical roots; the Chilean Matta, the Cuban Lam, the Uruguayan Torres García, and others did this through different pictorial inventions. But only Eielson found an artistic and anthropological base in the Peruvian Quipu, and he was able to transform the ancient Quechua sign into the aesthetic and semantic nucleus of an exquisitely modern language'.[6]

The artist presented his first Quipus at the 1964 Venice Biennale International Art Exhibition. They excited the interest of Alfred Barr, director of the New York Museum of Modern art, and the American collector Nelson Rockefeller, who immediately purchased them for their respective collections [pp. 30, 36]. The surfaces of the knots are monochrome or in polychrome bands, cadenced in never-repetitive intervals: they echo the music of the stars, the cosmic web of human destiny, becoming the site of contact and solidarity, physical even before symbolic. The variation of Eielson's knots is not pure repetition, but a nearly physiological proliferation, where the artist conjugates scientific vision and archaic civilisation with the coming together of art and nature (and in this, it would seem to anticipate Mario Merz's later solutions inspired by the Fibonacci sequence): 'It is worth noting the singular analogy between artistic intuition, which generates the creation of the huge variety of knots in the Peruvian artist and poet Jorge Eduardo Eielson, and the essential role interpreted by these knots, not only in the world of abstract mathematics, but also in the realm of nature. In fact, Eielson seems to have grasped this fundamental point: the knots and the bonds are structures able to construct continually a web of interactive relationships, from which emanates the information necessary for the evolution of life and the development of the mind. These self-reproducing configurations of knots make it possible for nature to release new physical energies, for organisms to carry out vital functions for the maintenance of our existence'.[7]

The interactivity of the knot, understood as an action and not as a purely formal element, should be apprehended in this physiological key to interpretation and recreation

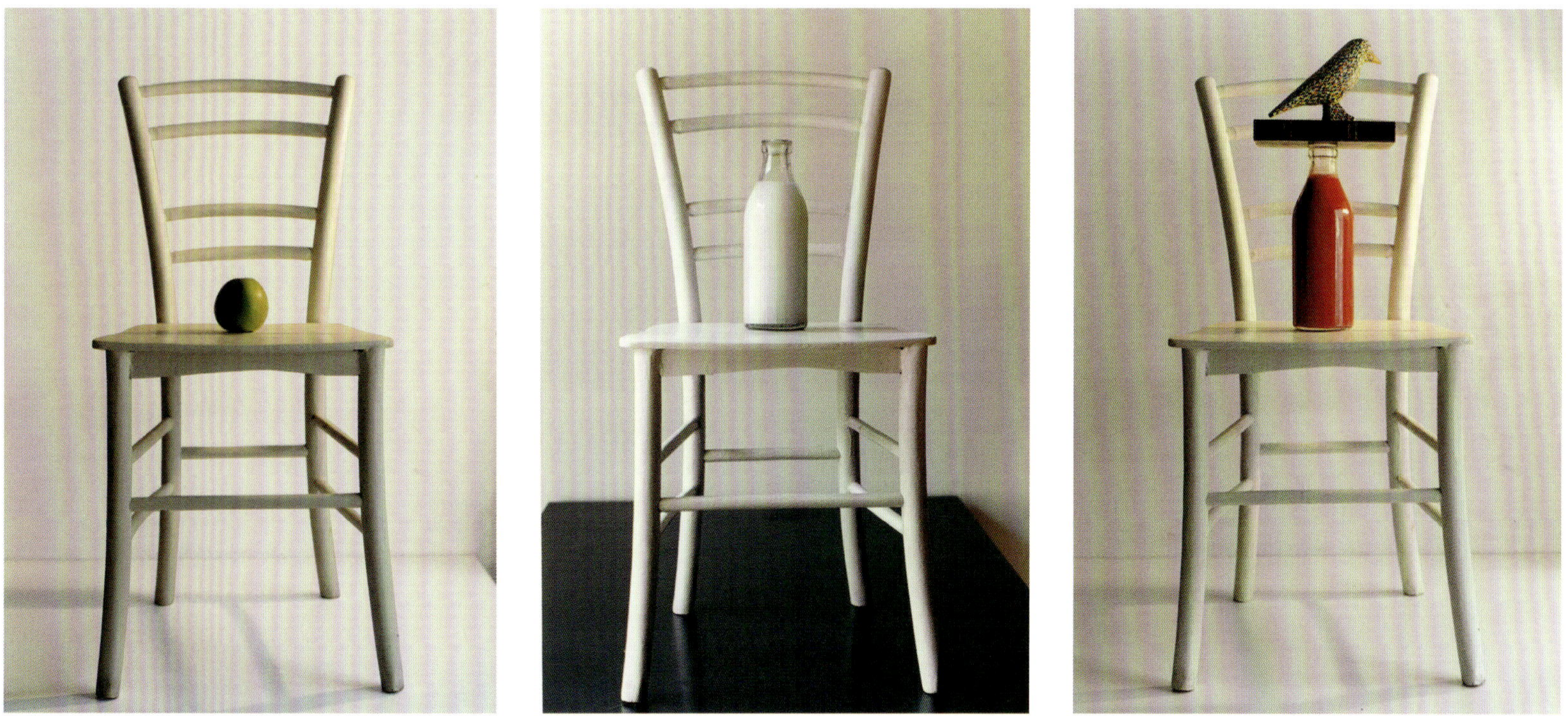

Poema escultórico, 1979-1980

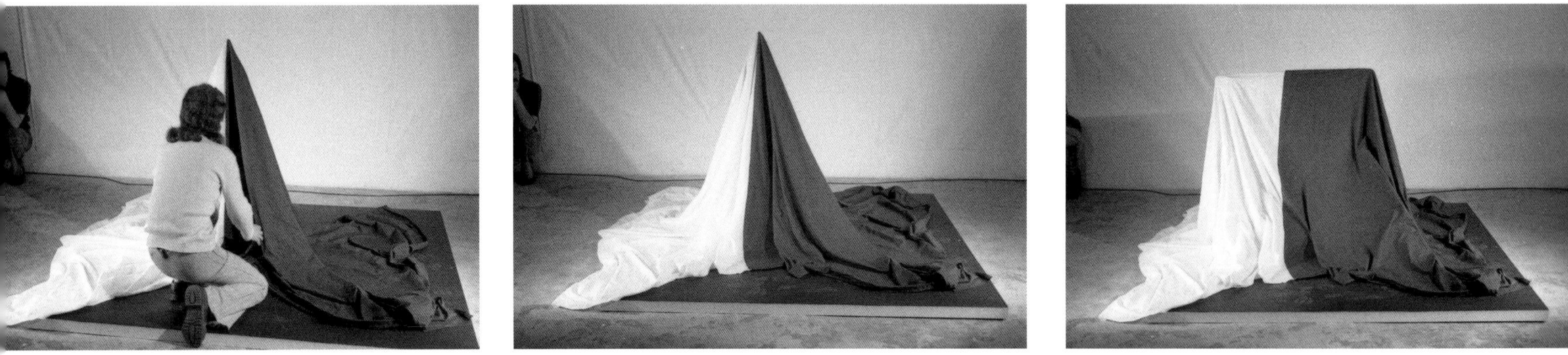

Paracas-Pyramid, Collegio Cairoli, Pavia, 1974

Interrupción, Lima, 1988

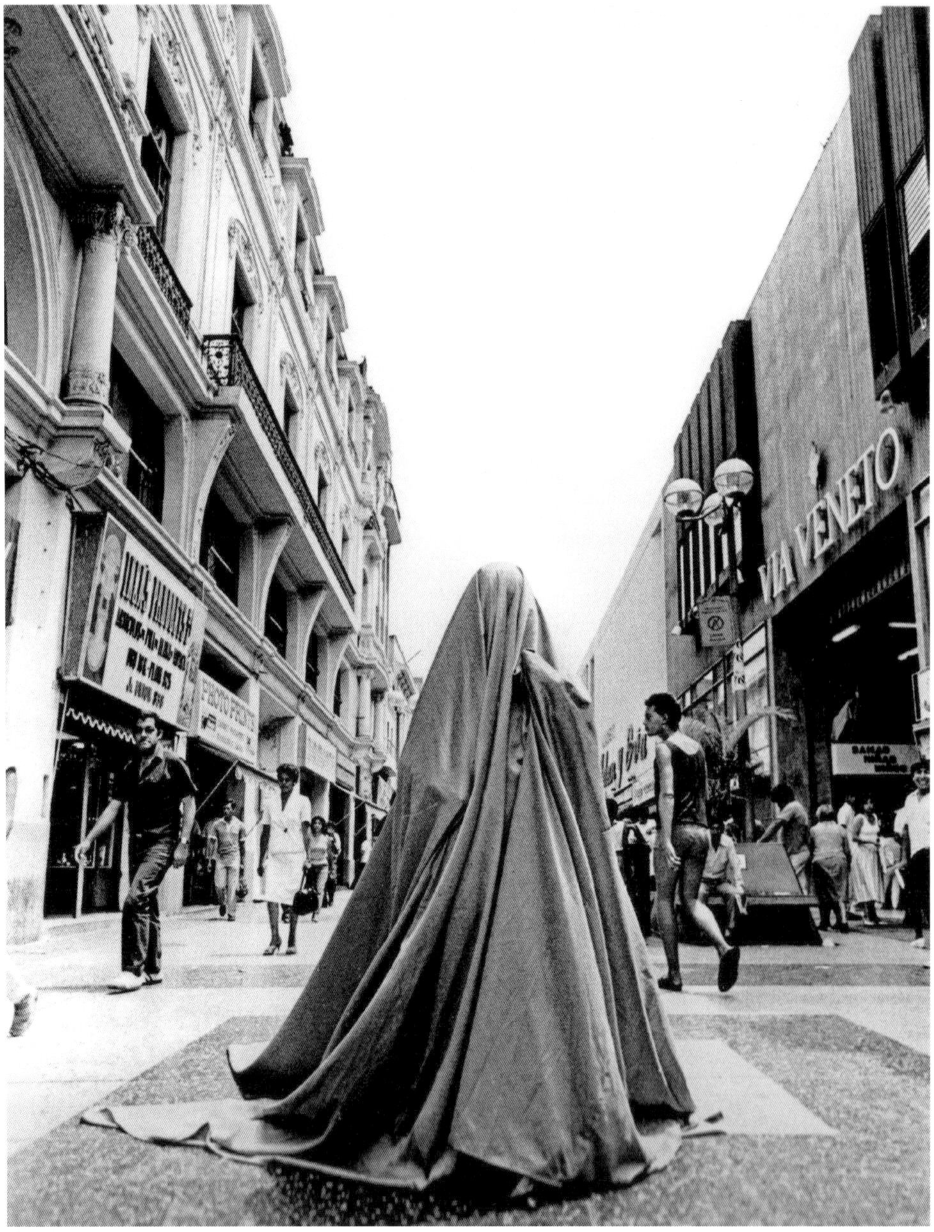

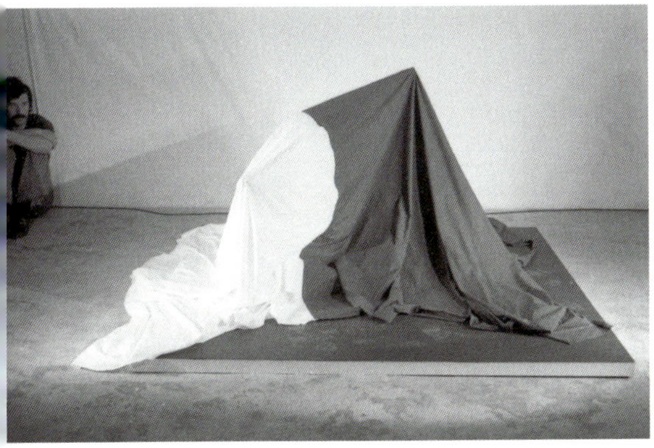

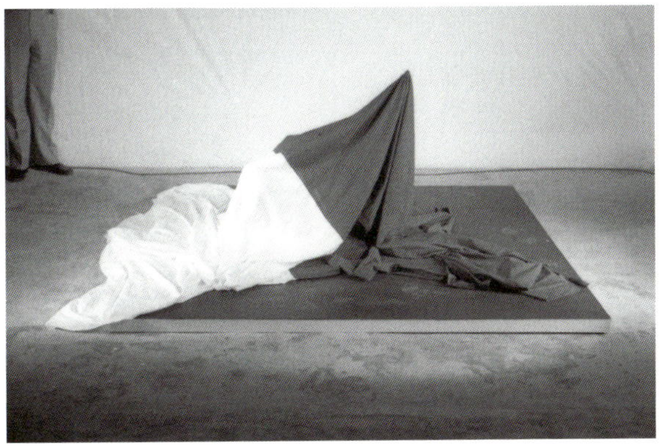

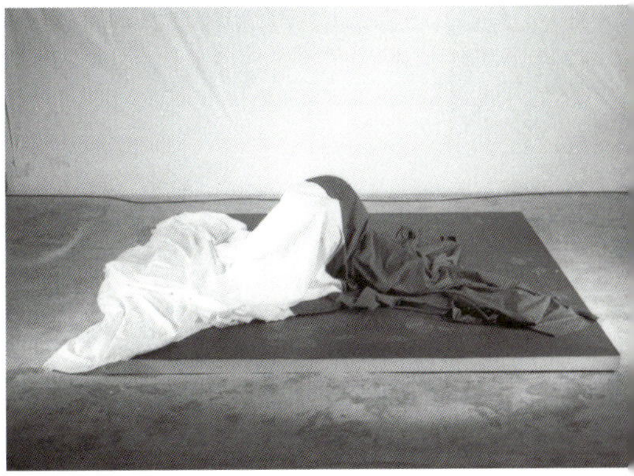

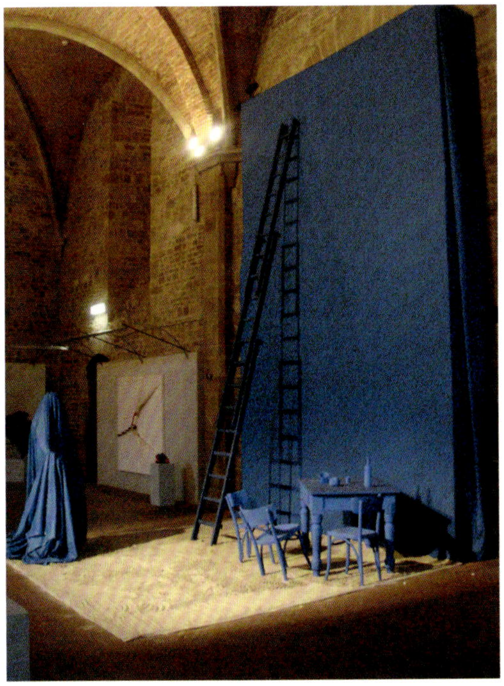

Palazzo Vecchio, Firenze, 2008

of the world, through signs that are the materialisation of space and thought together, extension of the body in the environment, even the possibility of a relationship. The Quipus-knot is geometric structure and object at the same time, Eielson's individual response to the problem of overcoming the surface as reproduction or fake reception of the world, for a vision of authenticity that soon takes on an environmental, performative and temporal dimension. It is a search for truth that can also be found in his installations with variable contents, such as the *Poema escultórico* of 1979–1980 [pp. 37, 85], in which each day a different object is placed on the same chair, as if they were successive verses of a single poetic composition; or in his live events, such as *El cuerpo de Giulia-No* \ Giulia-no's Body presented at the 1972 Venice Biennale [p. 35]. All of his work is nothing more than his continuing to enucleate a problem, that of knowledge, in which writing, visuality, and action are all ways to appropriate and render the world in a cosmic key of infinity. Matter, sign, space — translated into objects, deeds, installations, poems, and prose — they are just the expression of this language of semantic and existential knots in a prolific and multifaceted body of work that never sinks into eclecticism or contamination: Eielson does not mix, but he integrates different expressive forms in a single vision, while maintaining the specificity and autonomy of each sphere. Thus, we understand the coherent and direct link of the Quipus with his conceptual and performance pieces, which in particular from the close of the 1960s make up an equally significant part of his work: for example the *Esculturas subterráneas* / Underground Sculptures [p. 32] conceived between 1966 and 1969 for Rome, Lima, Paris, Eningen, and New York, and presented at the "Plans and projects as art" Berne Kunsthalle (1969).

Eielson's work, as shown by these achievements, live by a cosmopolitan nomadism that has no trace of sentimentalism or the folkloric, but connects directly to a universal and cosmic dimension. The poem written by the artist in Rome at the start of the 1950s expresses this completely and evocatively, where the chair (an element both ordinary and symbolic that was to become the cornerstone of the mutations in the later *Poema escultórico*) seems to save him from getting lost in the existential abyss, reconnecting him to the destiny of the stars:

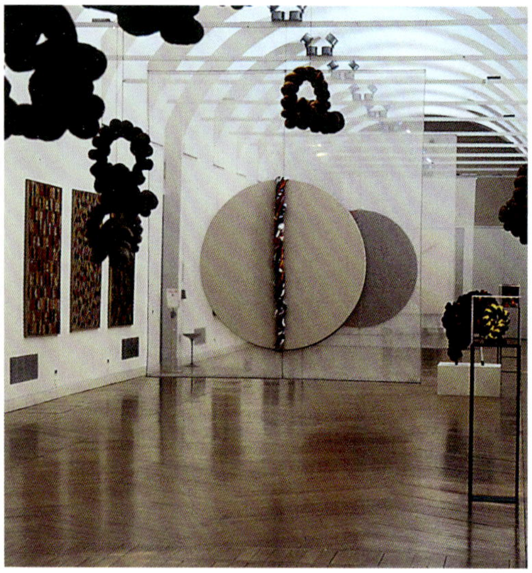

Galleria del Credito Valtellinese,
Palazzo delle Stelline, Milano, 1993

Via della Croce

frecuentemente
cuando estoy sentado
en una silla
y estoy solo
y no he dormido
ni comido ni bebido
ni amado
tengo la impresión
de caer en un abismo
amarrado a mis vestidos
y a mi silla
y de irme muriendo suavemente
acariciando mis vestidos
y mi silla
tengo la impresión
de caer en un abismo
y de improviso asistir
a una remota fiesta
en el fondo de una estrella
y de bailar en ella
tiernamente
con mi silla[8]

Il rapporto tra oggetto e corpo, forma e azione trova un momento esemplare nella performance *Il corpo di Giulia-no* presentata da Eielson nella sua sala personale alla Biennale di Venezia del 1972, direttamente ispirata al suo omonimo romanzo pubblicato da Joaquin Mortiz nel 1971, grazie all'interessamento di Octavio Paz.

Museo de Arte de Lima, 2017

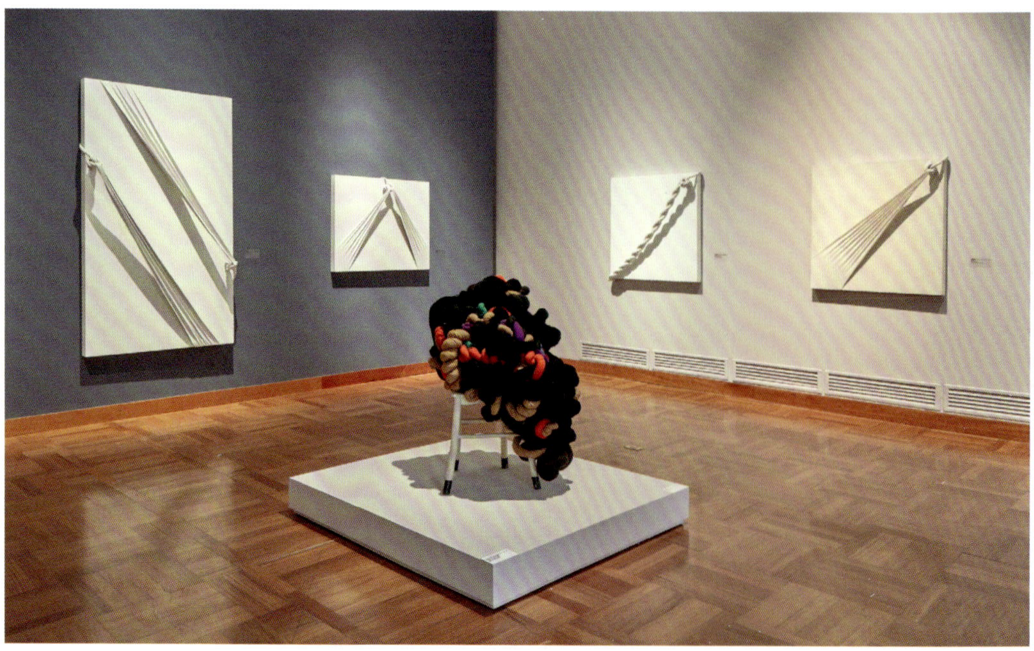

Via della Croce

frecuentemente
cuando estoy sentado
en una silla
y estoy solo
y no he dormido
ni comido ni bebido
ni amado
tengo la impresión
de caer en un abismo
amarrado a mis vestidos
y a mi silla
y de irme muriendo suavemente
acariciando mis vestidos
y mi silla
tengo la impresión
de caer en un abismo
y de improviso asistir
a una remota fiesta
en el fondo de una estrella
y de bailar en ella
tiernamente
con mi silla[8]

The relationship between object and body, form and action, finds an exemplary moment in the performance *El cuerpo de Giulia-no* \ Giulia-no's Body which Eielson presented in the room dedicated to him at the 1972 Venice Biennale, directly inspired by the novel of the same name published by Joaquin Mortiz in 1971, thanks to Octavio Paz's involvement.

Museo de Arte de Lima, 2017

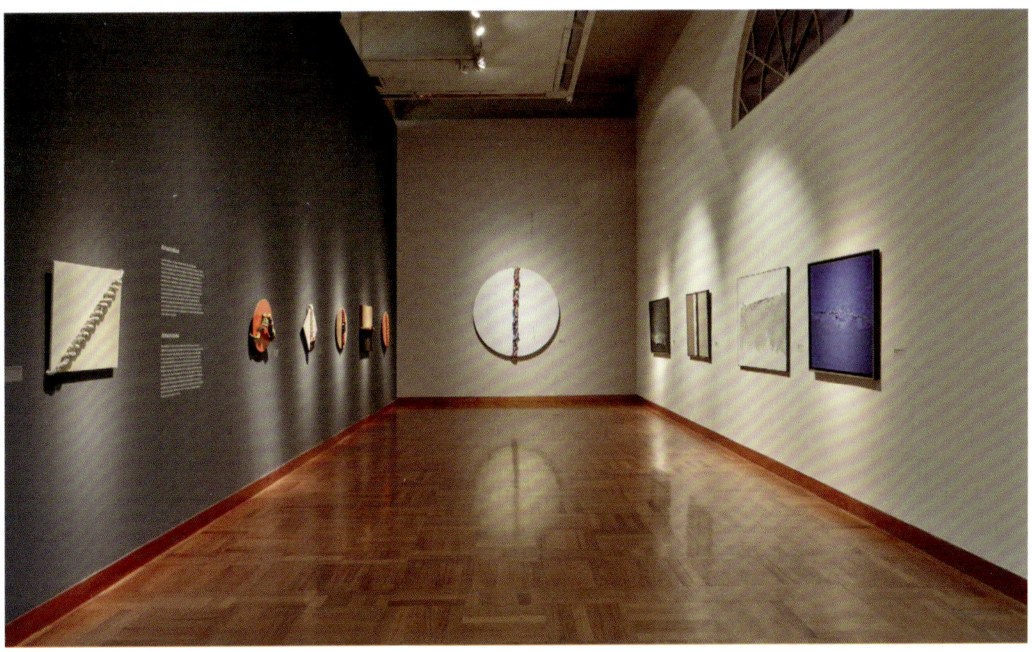

Tra corpo e nodo vi è un legame inscindibile, sottolineato anche dalla coincidenza lessicale tra "nodo" e "nudo" nella lingua spagnola, più volte ricordata dall'artista stesso. Non a caso, è proprio in questo romanzo che compaiono alcune corrispondenze simboliche dei Quipus:

un nodo bianco	la vita
due nodi bianchi	l'amore
tre nodi bianchi	dio – il paradiso – il bene
un nodo nero	la morte
due nodi neri	la guerra
tre nodi neri	l'inferno – il demonio – il male
un nodo rosso	il sangue
due nodi rossi	la riproduzione
tre nodi rossi	le stelle
un nodo giallo	il fiore
due nodi gialli	il frutto
tre nodi gialli	il sole
un nodo azzurro	l'aria
due nodi azzurri	l'acqua – il fiume – il lago – la pioggia
tre nodi azzurri	e il cielo
un nodo verde	la terra – la pianta – l'albero
un nodo arancio	il fuoco
un nodo violetto	la luna

Si tratta di corrispondenze che non vanno intese in senso puramente allusivo, ma come chiavi di decodifica a una lettura non superficiale del mondo a cui ci invita l'opera di Eielson. Analogamente, nel suo lavoro, la dimensione performativa non è mai tradotta in mera teatralità, ma sempre concepita e agita come scambio e flusso di energia umana. Tra le opere esposte alla Biennale di Venezia del 1972, dove la sala di Eielson era concepita come un ambiente immersivo totale, vi è *Quipus 28 B1* (New York 1967 – Parigi 1971) [p. 77], in cui emblematicamente il nodo ci si rivela come la chiave avvolgente e sottile per una "trasformazione / metamorfosi verso l'immateriale, il bianco, il silenzio, l'eternità: ecco il mistero che pur svelato non ha perso d'enigma, valore, né di interesse"[9]. Una visione declinata tra le polarità delle grandi dimensioni di *Quipus 36 T - 1*, 1969 [p. 79] esposto nella personale alla Galleria Lorenzelli di Milano e Bergamo nel 1972, e il telaio vuoto del rarissimo e radicale *Quipus T1*, 1973 [p. 81], dove Eielson (se ce ne fosse bisogno) esplicita chiaramente come il suo non sia un discorso pittorico ma un'articolazione di spazio.

Un ciclo particolare, nel contesto dell'evoluzione dei Quipus, è quello legato anche nella titolazione all'Amazzonia [pp. 88, 89, 93, 95], caratterizzato da sequenza di nodi che vengono tesi da un estremo all'altro della superficie. Viene esposto ad esempio alla mostra personale

Between body and knot there is an indissoluble bond, also highlighted by the lexical correspondence in the Spanish language between "knot" and "nude", "nudo" and "desnudo", often pointed out by the artist. Unsurprisingly, it is in this novel that certain symbolic equivalents of the Quipus are unveiled.

one white knot	life
two white knots	love
three white knots	god – paradise – the good
one black knot	death
two black knots	war
three black knots	inferno – the devil – the bad
one red knot	blood
two red knots	reproduction
three red knots	the stars
one yellow knot	the flower
two yellow knots	the fruit
three yellow knots	the sun
one blue knot	the air
two blue knots	the water – the river – the lake – the rain
three blue knots	and the sky
one green knot	the earth – the plant – the tree
one orange knot	fire
one purple knot	the moon

They are correspondences that should not be taken in the purely allusive sense, but as keys for decoding, reaching a not-superficial interpretation of the world that Eielson's work invites us to explore. Analogously, in his work, the performative dimension is never translated into mere theatricality, but is always conceived and acted as exchange and flow of human energy. Among the works exhibited at the 1972 Venice Biennale, where Eielson's room was conceived as a total immersion environment, was *Quipus 28 B1* (New York 1967 – Paris 1971) [p. 77], where, tellingly, the knot is revealed to us as the enchanting and subtle key for a 'transformation / metamorphosis toward the immaterial, the white, silent eternity: here is the mystery that, even when unveiled, does not lose its enigma, value, or interest'.[9] It is a vision played out between the poles of the large dimensions of *Quipus 36 T – 1*, 1969 [p. 79], shown at the solo exhibition at Galleria Lorenzelli in Milan and Bergamo in 1972, and the empty loom of the extremely rare and radical *Quipus T1*, 1973 [p. 81], where Eielson (as if it were necessary) clearly explains how his is not a pictorial discourse, but an articulation of space.

A particular cycle within the context of the evolution of the Quipus is the one associated, also by the title, with Amazonia [pp. 88, 89, 93, 95], characterised by a sequence of knots stretched from one end to the other of the surface. It was displayed at the *Il linguaggio magico dei nodi* show

"Il linguaggio magico dei nodi" alla Galleria del Credito Valtellinese al Palazzo delle Stelline di Milano nel 1993, insieme a due installazioni dedicate al *Codice sul volo degli uccelli* di Leonardo da Vinci [p. 40]. L'Amazzonia è per Eielson luogo che si colloca tra mito e realtà, al confluire di dimensioni fondanti il suo lavoro, come quelli della natura e del viaggio; è percorso dal Rio delle Amazzoni, il grande fiume "metà favola e metà storia, metà realtà e metà sogno", formato dalla confluenza del Marañon, dell'Ucayali e dell'Huallaga. La tipologia artistica che a essa si ispira, non a caso, pare sincretica del confluire dei diversi percorsi concettuali e creativi dell'autore. Così l'artista, in un testo inedito dedicato proprio all'Amazzonia: "Desde entonces ese recuerdo se ha convertido para mí en una suerte de inextinguible fuente de energía y de ensueño. A él le debo gran parte de mi pasión por la naturaleza, por los viajes intercontinentales y las culturas arcaicas y primitivas. [...] Un territorio mágico, en continua metamórfosis, en donde la serpiente boa, el jaguar y la brillante mariposa son una sola cosa con el atardecer de la selva. En donde una sola noche estrellada equivale a toda una vida a caza de estrellas. Quizás porque es sólo en contacto con esa naturaleza primordial, que el hombre encuentra paz y sosiego, como si toda su vida la hubiera estado buscando. Como si finalmente hubiera regresado a un paraíso que creía perdido. Paraíso que también puede ser un infierno, pues si al encanto natural de la Amazonía añadimos todo lo que la imaginación humana ha acuñado en su nombre, atracción se vuelve doblemente irresistible. [...] Pero lo verdaderamente milagroso es que, a pesar de la dureza de su historia, la Amazonía sigue siendo la meta (semi)prohibida de una gran cantidad de occidentales, que continúan viendo en ella algo así como el Gran Viaje por antonomasia, equivalente de la Gran Obra alquímica a que nos referíamos más arriba. ¿Y si esta tenaz atracción no fuera sino nuestro más profundo instinto de supervivencia, que nos impulsa a amar y proteger un territorio que es también nuestra más grande reserva de energía vital? ¿Y si la amazonas no fueran sino la representación antropomorfa del arcaico mito materno, que defiende estoicamente a sus criaturas, sean ellas hombres, animales o plantas? Sólo así a nosotros – desencantados hijos de la era post-industrial, pero también dotados de una consciencia planetaria sin precedentes en la historia – la madre Amazonía nos librará su más auténtico tesoro, su verdadero El Dorado: el precioso patrimonio de oxígeno puro encerrado en sus entrañas. La abolición del genocidio y la deforestación, indignos de una civilización como la nuestra, se imponen, pues, con urgencia, a fin que la humanidad respire finalmente, biológica y moralmente, y recupere su derecho al ensueño. Sólo así la leyenda recobrará su sentido y el poema amazónico seguirá alimentando nuestra imaginación y nuestra intacta necesidad de pureza y de hermosura. La empresa maravillosa podrá continuar, por lo tanto, más fascinante y sorprendente que nunca"[10].

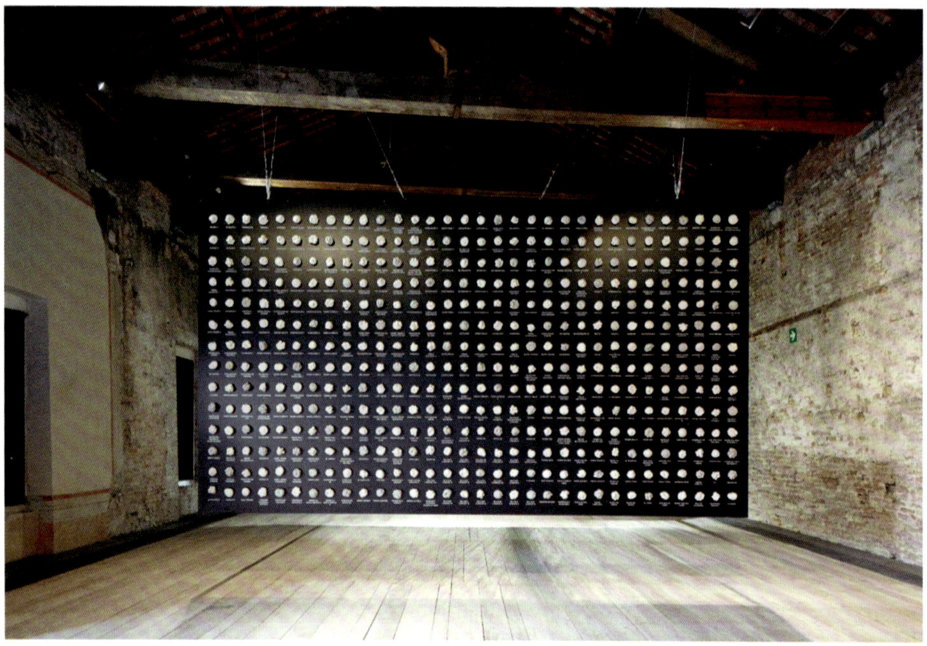

Peru Pavilion, Biennale of Architecture, Venice, 2018
Padiglione del Perù, Biennale di Architettura, Venezia, 2018

Si può dire che tutta l'opera di Eielson sia proprio questo continuo confluire di macrocosmo e microcosmo, nella dialettica di intimo e universale, psicologia e storia, natura

at the Galleria del Credito Valtellinese in Milan's Palazzo delle Stelline in 1993, together with two installations dedicated to Leonardo da Vinci's *Codex on the Flight of Birds* [p. 40]. Amazonia is for Eielson a place that lies somewhere between myth and reality, where the fundamental dimensions of his work, like those of nature and the journey, all flow together; it is traversed by the Amazon River, the great river "half fable and half history, half reality and half dream", formed by the confluence of the Marañón, Ucayali, and Huallaga rivers. The artistic typology that it inspires seems, not coincidentally, syncretic of the coming together of the artist's various conceptual and creative paths. This is what the artist has to say, in a text dedicated to Amazonia:

'Desde entonces ese recuerdo se ha convertido para mí en una suerte de inextinguible fuente de energía y de ensueño. A él le debo gran parte de mi pasión por la naturaleza, por los viajes intercontinentales y las culturas arcaicas y primitivas. [...] Un territorio mágico, en continua metamórfosis, en donde la serpiente boa, el jaguar y la brillante mariposa son una sola cosa con el atardecer de la selva. En donde una sola noche estrellada equivale a toda una vida a caza de estrellas. Quizás porque es sólo en contacto con esa naturaleza primordial, que el hombre encuentra paz y sosiego, como si toda su vida la hubiera estado buscando. Como si finalmente hubiera regresado a un paraíso que creía perdido. Paraíso que también puede ser un infierno, pues si al encanto natural de la Amazonía añadimos todo lo que la imaginación humana ha acuñado en su nombre, atracción se vuelve doblemente irresistible. [...] Pero lo verdaderamente milagroso es que, a pesar de la dureza de su historia, la Amazonía sigue siendo la meta (semi)prohibida de una gran cantidad de occidentales, que continúan viendo en ella algo así como el Gran Viaje por antonomasia, equivalente de la Gran Obra alquímica a que nos referíamos más arriba. ¿Y si esta tenaz atracción no fuera sino nuestro más profundo instinto de supervivencia, que nos impulsa a amar y proteger un territorio que es también nuestra más grande reserva de energía vital? ¿Y si la amazonas no fueran sino la representación antropomorfa del arcaico mito materno, que defiende estoicamente a sus criaturas, sean ellas hombres, animales o plantas? Sólo así a nosotros – desencantados hijos de la era post-industrial, pero también dotados de una consciencia planetaria sin precedentes en la historia – la madre Amazonía nos librará su más auténtico tesoro, su verdadero El Dorado: el precioso patrimonio de oxígeno puro encerrado en sus entrañas. La abolición del genocidio y la deforestación, indignos de una civilización como la nuestra, se imponen, pues, con urgencia, a fin que la humanidad respire finalmente, biológica y moralmente, y recupere su derecho al ensueño. Sólo así la leyenda recobrará su sentido y el poema amazónico seguirá alimentando nuestra imaginación y nuestra intacta necesidad de pureza y de hermosura. La empresa maravillosa podrá continuar, por lo tanto, más fascinante y sorprendente que nunca.'[10]

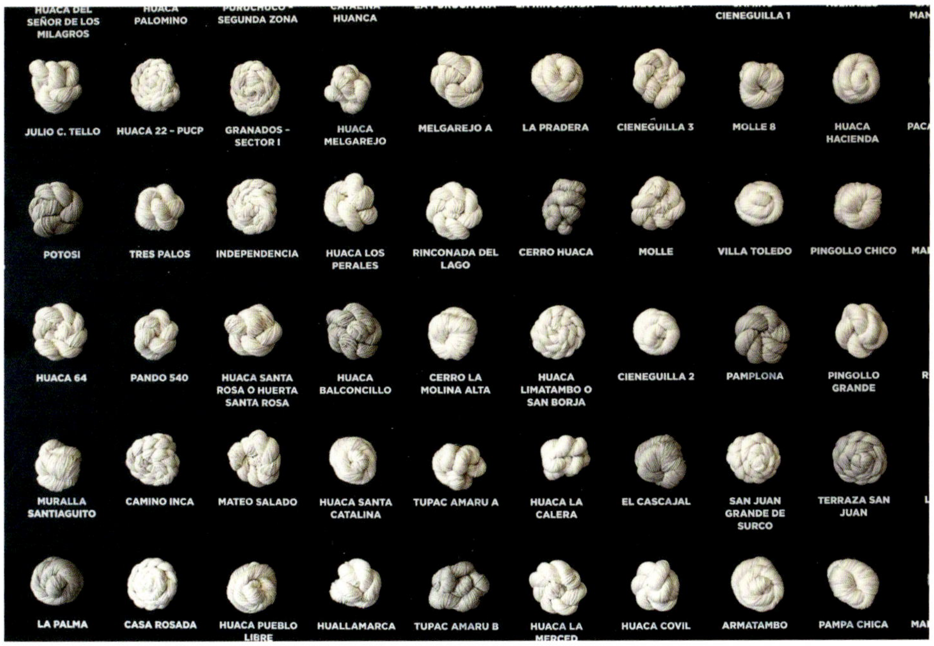

We can say that all of Eielson's work is this constant coming together of macrocosm and microcosm, in the dialectic of intimacy and universality, psychology and history, nature and

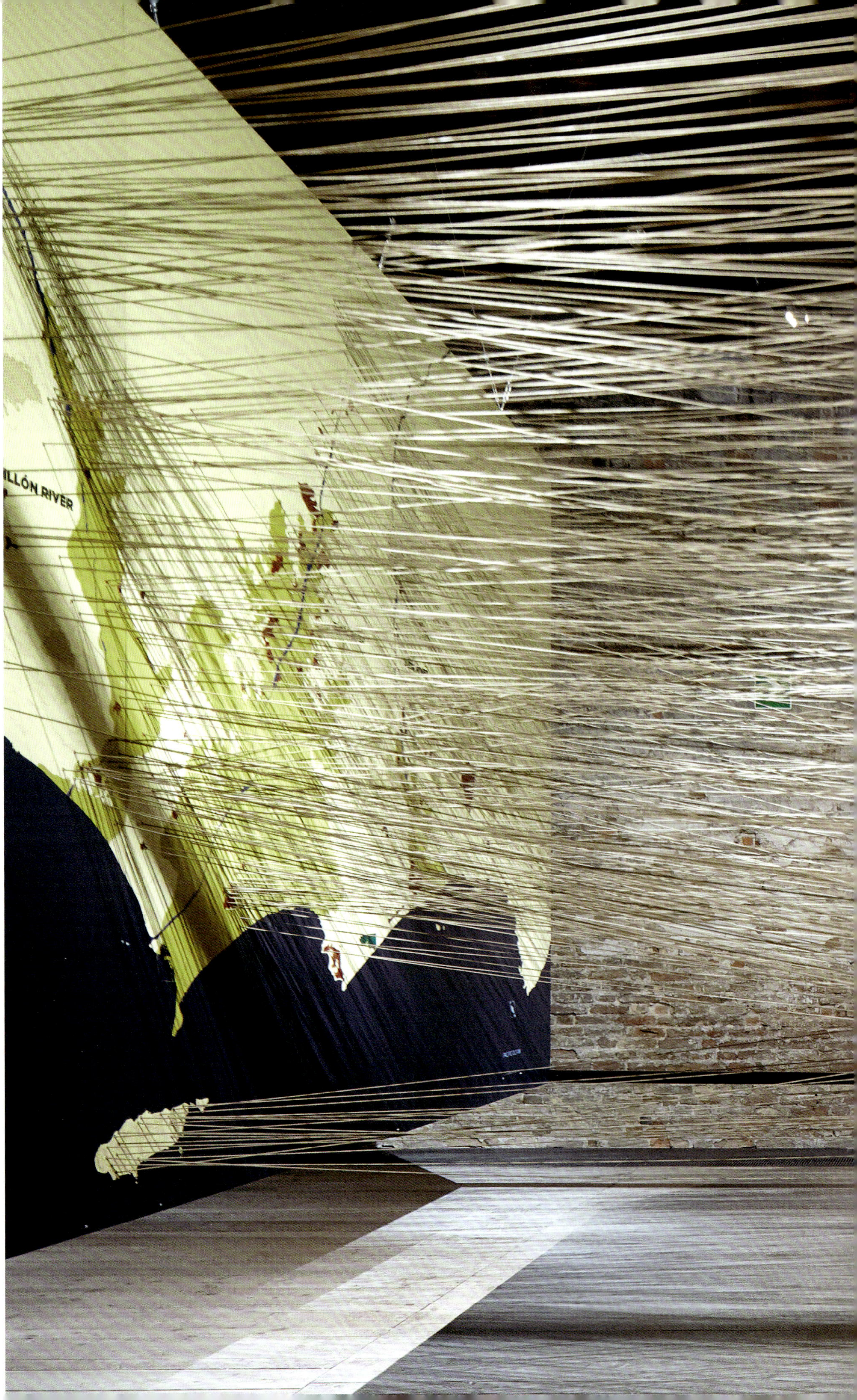
ILLÓN RIVER

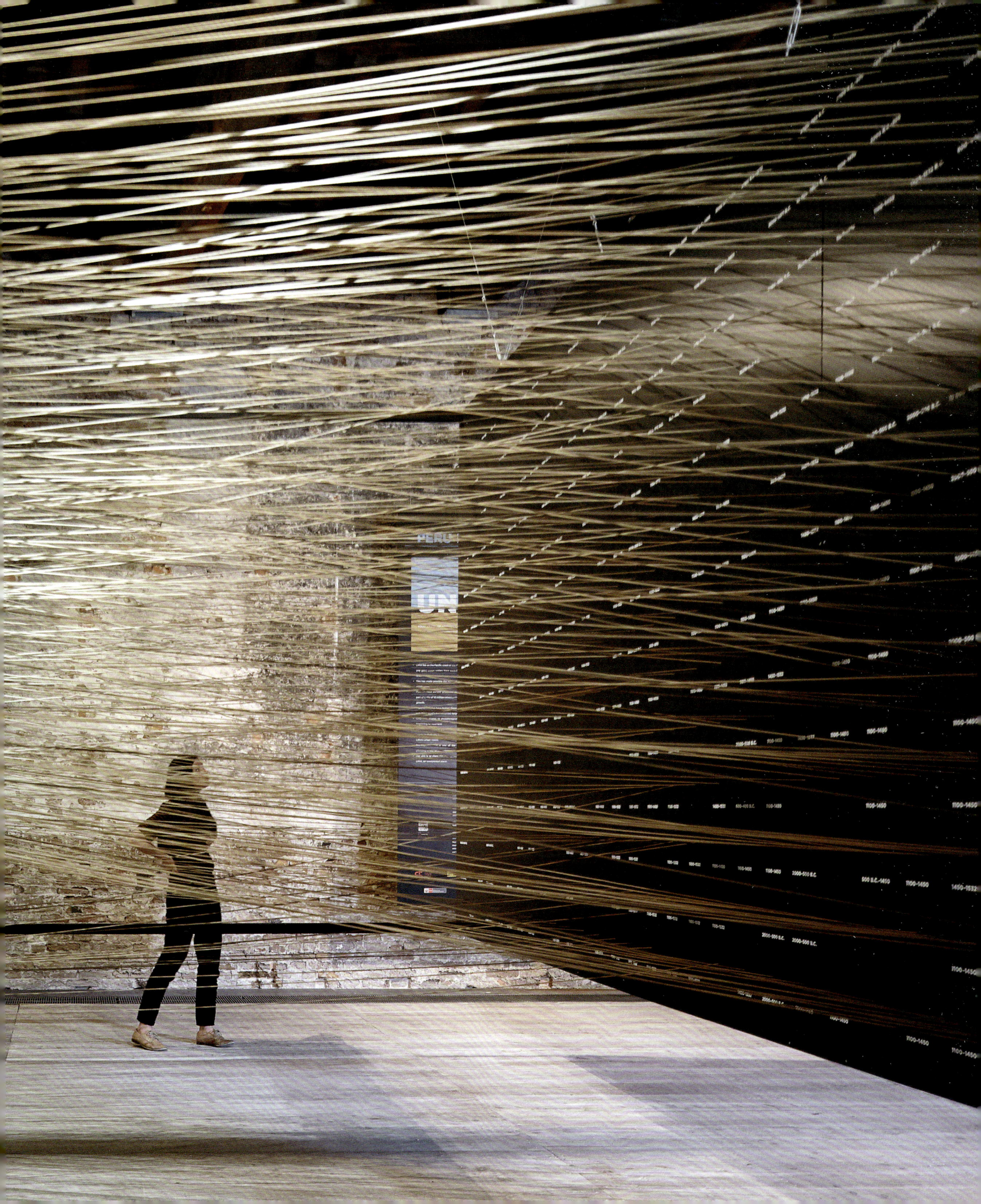
PERU

e cultura: "Intreccio di destini, crocevia di strade, parabole di stelle e di pianeti, costellazioni, correnti degli oceani, pulviscolo di folle nelle città congestionate, granelli di sabbia sulle spiagge e nelle distese desertiche, gemme sopra i rami"[11]. Un percorso la cui attualità feconda è confermata anche da recenti occasioni espositive, come la monumentale retrospettiva a lui dedicata al MALI Museo de Arte de Lima tra novembre 2017 e marzo 2018 [pp. 40, 41]. Si intende porre qui l'accento su questa contemporaneità stringente della poetica di Eielson nella sua dimensione comunicativa globale, segnalandola come recente fonte esplicita di ispirazione per il padiglione peruviano alla Biennale di Architettura di Venezia del 2018 [pp. 44-48]. La mostra concepita per tale occasione, curata da Marianela Castro, Janeth Boza e Javier Lizarzaburu, faceva rivivere il valore delle "huacas", termine di origine *quechua* che identifica un luogo, un oggetto o un essere animato ritenuto sacro (e con il quale si intende anche tutto il patrimonio monumentale e architettonico precolombiano: templi, centri amministrativi, fortezze o cimiteri). Le 447 "huacas" presenti a Lima, strutture architettoniche monumentali in adobe (impasto di argilla e sabbia essiccata al sole), venivano fisicamente tradotte in altrettanti nodi – Quipus, in un dialogo di architettura e ambiente, memoria e attualità che ancora una volta sancisce il ruolo di Eielson quale grande catalizzatore e mediatore tra memoria e attualità, passato e futuro.

[1] Emilio Villa, *Eielson*, in "Arti Visive", n. 8-9, Roma 1954.

[2] Si veda a questo proposito il denso e significativo saggio di Luis Rebaza-Soraluz *Gestos que reparan el tejido del infinito: Eielson y el Perù* nel recente catalogo della retrospettiva di Eielson al MALI Museo de Arte de Lima (alle pp. 26-38).

[3] Jorge Eielson citato in Luca Massimo Barbero, *Il manto esistenziale del mondo. Un appunto per Eielson*, in *Jorge Eielson*, catalogo della mostra (Parma, Galleria d'Arte Niccoli, 2003-2004), Edizioni Archivio Jorge Eielson in collaborazione con Il Chiostro Arte Contemporanea, Saronno 2003, p. 22.

[4] Per questi testi dell'artista, si veda la sezione dedicata in questo volume alle pp. 54-67. Per una sistematizzazione complessiva e ragionata degli scritti di Eielson di argomento artistico e culturale, cfr. il monumentale lavoro raccolto in *Ceremonia comentada. Textos sobre arte, estetica y cultura 1946-2005*, a cura e con introduzione, cronologia e note di Luis Rebaza Soraluz, Istituto Francés de Estudios Andinos IFEA – Fondo Editorial del Congreso del Perú – Museo de Arte de Lima, Lima 2010.

[5] Pierre Restany, *Eielson: il grande slalom esistenziale*, in *Jorge Eielson. Il linguaggio magico dei nodi*, catalogo della mostra (Milano, Galleria del Credito Valtellinese – Refettorio delle Stelline, 1993), Mazzotta, Milano 1993.

[6] Martha Canfield, Jorge *Eduardo Eielson: l'uomo che annodava parole e stelle*, in *Jorge Eielson. Arte come nodo / nodo come dono*, catalogo della mostra (Firenze, Palazzo Vecchio – Sala d'Arme, 2008-2009), Gli Ori, Pistoia 2008, p. 15.

[7] Lorraine Verner, Luciano Boi, *Bridging the gap between art, science and nature: the visionary work of Jorge Eduardo Eielson on knots*, in José Ignacio Padilla (a cura di), *NU / DO. Homenaje a J. E. Eielson*, Pontifica Universidad Católica del Perú, Lima 2002, pp. 117-118.

[8] Da *Habitación en Roma*, 1952; traduzione italiana Martha Canfield, *Di stanza a Roma*, Ponte Sisto, Roma 2007: "molto spesso / quando sto seduto / su una sedia / e sono solo / e non ho dormito / né mangiato né bevuto / né amato / ho l'impressione / di cadere in un abisso / afferrato ai miei vestiti / e alla mia sedia / e di andare morendo dolcemente / mentre accarezzo i miei vestiti / e la mia sedia / ho l'impressione / di cadere in un abisso / e tutt'a un tratto di trovarmi / in una festa remota / nel fondo di una stella / e di ballare in essa / amorosamente / con la mia sedia".

[9] Luca Massimo Barbero, *op. cit.*, p. 19.

[10] Jorge Eduardo Eielson, *Amazonas: el viaje maravilloso*, dattiloscritto inedito, per gentile concessione di Archivio Jorge Eielson e Centro Studi Jorge Eielson. "Da allora quel ricordo è diventato per me una fonte inesauribile di energia e di sogno, a cui devo gran parte della passione per la natura, per i viaggi intercontinentali e per le culture arcaiche e primitive. [...] Un territorio magico, in continua metamorfosi, dove il serpente boa, il giaguaro e la brillante farfalla sono una cosa sola con il crepuscolo della selva. Dove una sola notte stellata equivale a tutta una vita a caccia di stelle. Forse perché è solo a contatto con quella natura primordiale che l'uomo trova pace e tranquillità, come se l'avesse cercata per tutta la vita. Come se finalmente fosse tornato a un paradiso che credeva perduto. Paradiso che può anche essere un inferno, poiché se all'incanto naturale dell'Amazzonia aggiungiamo tutto ciò che l'immaginazione umana ha concepito in suo nome, l'attrazione diventa doppiamente irresistibile. [...] Ma la cosa veramente miracolosa è che, malgrado la durezza della sua storia, l'Amazzonia continua a essere la meta (semi) proibita di una gran quantità di occidentali, che continuano a vederci qualcosa di simile al Grande Viaggio per antonomasia, equivalente della Grande Opera alchemica a cui facevamo riferimento prima. E se questa tenace attrazione non fosse altro che il nostro istinto più profondo di sopravvivenza, che ci spinge ad amare e proteggere un territorio che è anche la nostra più grande riserva di energia vitale? E se le amazzoni non fossero altro che la rappresentazione antropomorfa dell'arcaico mito materno, che difende stoicamente le sue creature, siano esse uomini, animali o piante? Solo così a noi – figli disincantati dell'era postindustriale, ma anche dotati di una coscienza planetaria senza precedenti nella storia – la madre Amazzonia libererà il suo tesoro più autentico, il suo vero El Dorado: il prezioso patrimonio di ossigeno puro racchiuso nei suoi visceri. L'abolizione del genocidio e della deforestazione, indegni di una civiltà come la nostra, si impone allora con urgenza, affinché l'umanità respiri infine, biologicamente e moralmente, e recuperi il suo diritto al sogno. Solo così la leggenda ritroverà il suo senso e la poesia amazzonica continuerà ad alimentare la nostra immaginazione e la nostra intatta necessità di purezza e di bellezza. L'impresa meravigliosa potrà quindi continuare, più affascinante e sorprendente che mai".

[11] Alberto Boatto, *L'estensione immaginaria dell'opera di Jorge Eielson*, in *Jorge Eielson*, cit., p. 15.

culture: 'The intertwining of destinies, intersections of roads, parabolas of stars and planets, constellations, ocean currents, the fine dust of the crowd in congested cities, grains of sand on the beaches and in the desert expanses, buds on branches'.[11] The fertile relevance of this path is also confirmed by the recent exhibition opportunities, such as the monumental retrospective dedicated to him at the MALI Museo de Arte de Lima between November 2017 and March 2018 [pp. 40, 41]. Here, we would like to place the accent on the cogent contemporaneity of Eielson's poetic in its global communicative dimension, pointing it out as a recent explicit source of inspiration for the Peruvian pavilion at the Venice Biennale Architettura 2018 [pp. 44-48]. The show conceived for this occasion, curated by Marianela Castro, Janeth Boza and Javier Lizarzaburu, revived the value of the "huacas", derived from the Quechua term identifying a place, an object, or a soul-possessing being felt to be sacred (by which we also mean the entire pre-Columbian monumental and architectural heritage: temples, administrative centres, fortresses, or cemeteries). The 447 "huacas" present in Lima, monumental adobe (sun-dried clay and sand mixture) architectonic structures, were physically translated into as many knots — Quipus, in a dialogue between architecture and environment, memory and the here and now, once again confirming Eielson's role as a great catalyser and mediator between memory and the present, past, and future.

[1] Emilio Villa, 'Eielson', in *Arti Visive*, n. 8–9, Rome, 1954.

[2] About this, see the thought-provoking essay by Luis Rebaza-Soraluz *Gestos que reparan el tejido del infinito: Eielson y el Perú*, in the recent catalogue to Eielson's retrospective exhibition at MALI Museo de Arte de Lima (pp. 26–38).

[3] Jorge Eielson cited in Luca Massimo Barbero, 'Il manto esistenziale del mondo. Un appunto per Eielson', in *Jorge Eielson*, exhibition catalogue (Parma, Galleria d'Arte Niccoli, 2003–2004), Saronno: Edizioni Archivio Jorge Eielson in collaboration with Il Chiostro Arte Contemporanea, 2003, p. 22.

[4] See the section in this volume dedicated to the artist's writings, on pp. 54-67. For a complete and annotated compendium of Eielson's writings on artistic and cultural topics, see the monumental work *Ceremonia comentada. Textos sobre arte, estetica y cultura 1946-2005*, edited and with an introduction, chronology, and notes by Luis Rebaza-Soraluz, Lima: Istituto Francés de Estudios Andinos IFEA – Fondo Editorial del Congreso del Perú – Museo de Arte de Lima, 2010.

[5] Pierre Restany, 'Eielson: il grande slalom esistenziale', in *Jorge Eielson. Il linguaggio magico dei nodi*, exhibition catalogue (Milan, Galleria del Credito Valtellinese – Refettorio delle Stelline, 1993), Milan: Mazzotta, 1993.

[6] Martha Canfield, 'Jorge Eduardo Eielson: l'uomo che annodava parole e stelle,' in *Jorge Eielson. Arte come nodo / nodo come dono*, exhibition catalogue (Florence, Palazzo Vecchio – Sala d'Arme, 2008–2009), Pistoia: Gli Ori, 2008, p. 15.

[7] Lorraine Verner, Luciano Boi, 'Bridging the gap between art, science and nature: the visionary work of Jorge Eduardo Eielson on knots', in José Ignacio Padilla (edited by), *NU / DO. Homenaje a J. E. Eielson*, Lima: Pontificia Universidad Católica del Perú, 2002, pp. 117–118.

[8] From *Habitación en Roma*, 1952. 'very often / when I am sitting / on a chair / and I am alone / and I haven't slept / or eaten or drunk / or loved / I have the feeling / of falling into an abyss / clinging to my clothes / and to my chair / and dying sweetly / while I pat my clothes / and my chair / I have the feeling / of falling into an abyss / and all of a sudden finding myself / in a remote celebration / at the bottom of a star / and dancing in it / lovingly / with my chair'.

[9] Luca Massimo Barbero, *op. cit.*, p. 19.

[10] Jorge Eduardo Eielson, *Amazonas: el viaje maravilloso*, unpublished typescript, courtesy Archivio Jorge Eielson and Centro Studi Jorge Eielson. 'That memory has since been an infinite source of energy and dreams for me. I owe much of my passion for nature, intercontinental travel and archaic and primitive cultures to it. [...] A magical land in continuous metamorphosis, where the boa constrictor, the jaguar and the shimmering butterfly become one with the jungle sunset. Where a single starry night is equivalent to a lifetime of stargazing. Perhaps because it is only through contact with this primitive nature that man finds peace and tranquillity, as though he had been searching for it his whole life. As though he had finally returned to a paradise he thought lost. A paradise that can also be hell, for if we add to the natural charm of Amazonia everything that the human imagination has dreamt up in its name, this attraction becomes doubly irresistible. [...] Nonetheless, the true miracle is that, despite the troubles of its past, Amazonia is still the (semi-) forbidden Mecca of many Westerners, who continue to see in it something akin to the Grand Trip par excellence, equivalent to the Great Work of alchemy that we referred to above. But what if this stubborn attraction were simply our deepest instinct of survival, driving us to love and protect a land that is also our largest reserve of vital energy? What if the Amazon rainforest were merely the anthropomorphic representation of the ancient myth of the mother, stoically defending her children, be they men, animals or plants? Only thus would Mother Amazonia deliver to us — children of the post-industrial era, disenchanted yet endowed with a planetary consciousness without historical precedent — her most authentic treasure, the true El Dorado: the precious heritage of pure oxygen contained deep within her soul. The abolition of genocide and deforestation, so unbecoming of a civilisation such as ours, is thus a pressing undertaking that will allow humanity to finally breathe, biologically and morally, and win back its right to the dream. Only then will the legend recover its meaning and the poem of Amazonia will nurture our imagination and inherent need for purity and beauty. The sublime endeavour will thus be able to continue, more fascinating and surprising than ever before'.

[11] Alberto Boatto, 'L'estensione immaginaria dell'opera di Jorge Eielson', in *Jorge Eielson*, cit., p. 15.

Jorge Eielson: il nodo che non significa nulla più, eppure significa tutto

Luis Rebaza-Soraluz

Nella Roma degli anni sessanta, Jorge Eielson inizia la produzione dei suoi *Quipus*, una serie aperta di tele annodate, attorcigliate e stese, che danno centralità alla materia di cui sono fatte. In essi, la riduzione minimalista dei significanti visivi, l'eliminazione della soggettività e la fiducia in un preciso ordine razionale che regge il cosmo si uniscono alla rappresentazione asettica, propria del modernismo del dopoguerra, stabilendo un fecondo dialogo con le tendenze europee contemporanee. I nodi sono anche un atto primordiale, un evento formativo sospeso, che li ancora all'arcano. Pur condividendo molti aspetti delle opere moderniste, i nodi sembrano lontani dall'Europa e legati, piuttosto, alle antiche tradizioni culturali precolombiane.

Nei *Quipus*, Eielson conduce una ricerca del modernismo contemporaneo quanto una ricerca delle origini dell'umanità. Questi due processi iniziano in Perù e si fondono in Europa. La pratica letteraria e artistica di Eielson inizia intorno al 1943. A metà degli anni quaranta, l'ambiente artistico peruviano è formato dall'indigenismo locale, dal postimpressionimo e cubismo cézanniano e dal surrealismo di Joan Miró. L'avanguardia più innovativa trova terreno fertile in una consolidata poesia cosmopolita e in una nuova architettura che si confronta con il geometrismo di Piet Mondrian e i principi creativi di pianificazione, luce, spazio, armonia e materia di Le Corbusier. Parallelamente al suo rapporto con queste fonti moderniste, Eielson ha anche accesso privilegiato alle arti precolombiane. Un lavoro del 1948, *La porta della notte*, che fa parte della sua esposizione di pitture e assemblaggi di *objets trouvés*, rivela tracce di entrambe le ricerche.

La concezione alla base dei *Quipus* prende forma nella decade successiva in un processo di cui è possibile tracciare i momenti fondamentali. Nel 1949, a Parigi, Eielson scopre la "fisica poetica" delle costruzioni di Jean Peyrissac, le quali, secondo Eielson, "si basano sui più puri e determinanti processi cosmici: la gravità, la forza ascensionale, il movimento pendolare e centrifugo, la leva, il piano inclinato". Nella sua poesia del 1954 *Mutatis Mutandis*, Eielson rappresenta il palpitante spazio stellare come un ordine informatico: "Cifra senza fine cifra senza / fine cifra che mai / inizia / quantità splendente / zero incendiato". Nel 1955, a Roma, Eielson scopre ciò che chiama "un universo cifrato di segni che non hanno più un significato e, al tempo stesso, significano tutto" nelle superfici popolate di pennellate semicircolari intersecate con linee diagonali dell'italiano Giuseppe Capogrossi. Nel 1956, Eielson ritorna a quell'"inno umano all'intelligenza e al prodigioso ordinamento dell'universo che ci circonda" che sono, per lui, le opere di Mondrian. Al termine degli anni cinquanta, in dialogo con il nouveau réalisme, Eielson risponde alle immagini di galassie a portata di mano, prodotte dalla cibernetica nel contesto della Guerra Fredda, assemblando *camicie e pantaloni* spogli di presenza umana; e alle immagini fotografiche delle superfici irregolari degli astri e delle materie di cui essi sono composti, prodotte nel contesto della coeva corsa allo spazio, con

Jorge Eielson: The Knot that Has No Meaning Anymore and Means Everything at Once

In the mid-1960s, living in Rome, Jorge Eielson begins the production of his *Quipus*, an open series of knotted, twisted and stretched canvases that foreground their own textile matter. Their minimalist reduction of visual signifiers, elimination of subjectivity and confidence in a precise rational order upholding the cosmos, go along with the aseptic representation of post-war modernism, establishing a rich dialogue with contemporary European trends. The knots evoke also a primordial act, a formative event at a standstill, which anchors them to the arcane. In spite of sharing many aspects with modernist pieces, the knots seem detached from Europe and linked, instead, to ancient pre-Columbian cultural traditions.

In his *Quipus* Eielson accomplishes a quest for contemporary modernism and a quest for humanity's origins. Both start in Peru and articulate as one once in Europe. Eielson's literature and art begin around 1943. By 1945, the Peruvian artistic milieu is formed mainly by the local *Indigenismo*, a Cézannean postimpressionism and cubism, and the surrealism of Joan Miró. The foremost modernism finds fertile ground in a well established cosmopolitan poetry and an emergent trend of new architecture that seek to match Piet Mondrian's geometrism and Le Corbusier's creative principles of planning, light, space, harmony and matter. In the interstices of his close contact with these modern sources, Eielson gains a privileged access to Pre-Columbian arts. *The Night's Gate*, a piece from his 1948 exhibition of paintings and assemblages based on *objets trouvés*, draws together traces of both of his quests.

The concept at the core of his *Quipus* takes form within the following decade in a process that can be traced through a few key moments. In 1949, in Paris, Eielson finds the 'poetical physics' of Jean Peyrissac's constructions, which are, he writes, 'based on the purest and most determinant cosmic phenomena: gravity, ascensional force, pendular and centrifugal movement, leverage, incline plane'. In his 1954 poem *Mutatis Mutandis*, Eielson depicts the pulsating stellar space as an environment of informatics: 'Numeral with no end numeral with no / end numeral that never / begins / splendent amount / burning zero'. In 1955, in Rome, he discovers what he calls 'a universe encoded by signs that have no meaning anymore and mean everything at once' on the surfaces populated by semi-circular strokes intersected by diagonal lines, traced by the Italian Giuseppe Capogrossi. In 1956, he reencounters the 'human hymn to the intelligence and to the prodigious body of laws governing the universe that surrounds us' that are Mondrian's paintings. By the end of the 1950s, in dialogue with the Nouveau Réalisme, Eielson responds to the Cold War's cybernetic vision of galaxies within hand's reach by assembling *shirts* and *trousers* made of garments vacated by their nauts, and, to the Space Race's photographic images of the surfaces and

le orografie del *Paesaggio inifinito della costa del Perù*. Dalle sponde sabbiose di tali superfici, che rimandano alle origini del continente, emergeranno tessuti cifrati di colori e nodi.

A metà degli anni sessanta, l'idea di Mondrian di un ordine cosmico, le leggi di tensioni e forze di Peyrissac, la grammatica di unità di costruzione minime in infinite combinazioni di Capogrossi, e la credenza precolombiana in un universo di natura tessile, si fondono nella creazione del primo *Quipus*. Luciano Boi ha denominato i nodi artistici di Eielson *strutture topologiche archetipiche*, forze equilibrate che ci rimandano all'orgine dei tempi. Questa concezione è alla base della *Piramide di stracci* del 1965. Sepolta in una spiaggia della Sardegna, quest'opera propone un'analogia tra i fardelli funerari di tessuti delle antiche coste peruviane e i nuraghi sardi bagnati dal Mediterraneo nell'alba dell'Europa. Per Eielson, entrambi possiedono il potenziale latente, proprio del nodo, di generare oggetti. Entrambi sono anche il tipo di segni dipinti da Capogrossi, che non significano nulla più e che, al tempo stesso, significano tutto, avendo attraversato "i secoli in migliaia di variazioni che vanno dalla pietra intagliata alle ombre cinesi e le macchie di inchiostro fino all'analisi minuziosa del tessuto magico dell'universo e alla formazione di nuove galassie nello spazio multidimensionale dell'anima umana". Più che un movimento inverso dalla tradizione modernista a quella arcaica, i nodi di Eielson costituiscono delle narrative culturali di appartenenza che riguardano tutte le antiche civiltà.

matter of celestial bodies, with the orographies of the *Infinite Landscape of the Peruvian Coast*. From the sandy shores of those surfaces, that date back to the continent's origins, would emerge fabrics richly encoded by colours and knots.

By the mid-1960s, Mondrian's idea of a cosmic order, Peyrissac's laws of forces and tensions, Capogrossi's grammar of minimal constructive units in infinite combinations, and the pre-Columbian belief of a universe of textile nature, are pieced together to produce the first *Quipu*. Luciano Boi has called Eielson's artistic knots *archetypal topological structures*, balanced forces that send us to the origins of time. This concept lies also at the core of his 1965 *Pyramid of Rags*. Buried in a Sardinian beach, the work establishes an analogy between ancient coastal Peruvian textile bundles and the Sardinian *nuraghe* bathed by the Mediterranean at the dawn of Europe. To Eielson, both structures possess the knot's 'latent potentiality to engender objects'. Both are also the sort of signs depicted by Capogrossi, which have no meaning anymore and mean everything at once after traversing 'all centuries in thousand variations that go from the carved stone itself, the shadow play and ink stains, up to the minute analysis of the universe's magical fabric and the formation of new galaxies in the multidimensional space of the human soul'. More than being a reverse movement from the modernist tradition to the archaic, Eielson's knots constitute cultural narratives of belonging relevant to any ancient civilisations.

Bibliography

Jorge Eielson, Introduction to Jean Peyrissac, 'Hacia una plástica del espacio', in *Espacio*, 4, Lima, April 1950, p. 9.

----. *Mutatis mutandis* [Roma, 1954]. Lima: Ediciones de La Rama Florida, 1967.

----. 'Capogrossi: pintor de las mutaciones', in *Dominical, El Comercio*, Lima, 4 September 1955.

----. 'Homenaje a Piet Mondrian', in *El Comercio*, Lima, 19 February 1956.

Lorraine Verner, Luciano Boi, 'Bridging the Gap between Art, Science and Nature: the Visionary Work of Jorge Eduardo Eielson on Knots', in José Ignacio Padilla (edited by), *Nu/do: homenaje a J. E. Eielson*, Lima: Pontificia Universidad Católica del Perú, 2002, pp. 117-146.

Scritti selezionati *Jorge Eielson*

Il "Paesaggio infinito" della costa del Perù[1]

Durante la giovinezza, mi ha sempre affascinato la visione dello spazio arido che circonda la città di Lima, la città dove sono nato. Ho sempre pensato che una simile geografia non avrebbe mai potuto generare alcun entusiasmo ottico, alcuna effusione dell'anima e, di conseguenza, alcun pensiero plastico. E se poi quella distesa immutabile pareva coperta dall'enorme lenzuolo sporco che gli abitanti di Lima chiamano cielo, il dilemma diventava ancor più impenetrabile.
Tuttavia – e questo lo devo senza dubbio alla mia lunga vita europea – lentamente filtrato, dolorosamente pensato, questo paesaggio puro – perché perfettamente astratto – ha finito per insediarsi nel mio spirito come un imperativo pittorico fondamentale. È successo alla fine degli anni cinquanta. Ossia dopo aver metabolizzato – nei limiti delle mie capacità – i maggiori insegnamenti del pensiero visivo europeo, dalla grande pittura italiana e fiamminga dei secoli XV e XVI, fino alle innovazioni fondamentali del Bauhaus di Weimar e al neo-plasticismo di Mondrian. Senza dimenticare il dadaismo, il surrealismo, Picasso. Né la grande esplosione dell'espressionismo astratto né il primo assalto del "nouveau réalisme", una sorta di pop art francese *ante litteram*. È stato come se io stesso – o forse il momento storico e culturale – fossimo finalmente maturi per il recupero di una simile entità visiva e tattile.
Ho iniziato ad avvertire un'inquietante mancanza di terreno sotto i piedi. Come se tutte le mie invenzioni precedenti – le prime delle quali furono presentate a Lima, nel 1948, prima del mio viaggio in Europa, insieme alle prime tele di Fernando de Szyszlo, alla Galería de Lima – fossero nate dall'aria, ossia per sentito dire, a partire da altre invenzioni, aliene alla mia realtà sensibile e culturale. Non potevo – nessun peruviano o latino-americano poteva – lavorare partendo dalle posizioni estreme di un pensiero pittorico come quello europeo. Dovevo scavare da solo in quella dimensione ostile che la natura e la storia mi avevano riservato e nella quale – volente o nolente – avevo aperto gli occhi. Questo imperativo si è imposto progressivamente attraverso una serie di esperienze in cui il ricordo stesso ha iniziato a plasmarsi in modo quasi primordiale e in armonia con la sua stessa dinamica interna: coprendo la tela di materiali e provocando in essi gli incidenti che la natura – l'erosione, il vento, il calore, l'umidità eccetera – provoca sulla grande tela del deserto.
Allora vivevo a Roma, e ricordo che incaricai un amico che andava a Lima di portarmi al ritorno un sacco di sabbia delle nostre spiagge. La mia necessità di "verità" era arrivata al parossismo. Ma credo che in questo non ci fosse niente di ossessivo. La cosa certa è che, dopo un periodo di vari anni di lavoro sullo stesso tema, il "paesaggio" diede origine alla figura umana, recuperata anche attraverso le sue spoglie – come quei resti di un paesaggio vissuto in una sequenza antica, incancellabile –, vale a dire attraverso i suoi vestiti, camicie, cravatte, abiti da sera, tute e così via. Per poi rimanere così solo con i suoi elementi più significativi – tensioni di materiali tessili su spazi nudi, che più tardi denominai "quipu".
Per me tuttavia l'importante era senza dubbio trovare un metodo che mi avvicinasse il più strettamente possibile al vissuto, diciamo quasi all'immedesimazione con il materiale. Non manipolarlo. Non violentarne la struttura stessa ma lasciarlo agire, appena disposto su grandi superfici. Imponevo a me stesso un atteggiamento riflessivo sui diritti della natura e sulla precarietà di qualsiasi tecnica artistica. E poi, se la tecnica è qualcosa che si impara, perché non usare gli altri procedimenti, ancora più antichi di quelli europei, come possono essere quelli della pittura cinese o giapponese, africana o precolombiana? Perché ubbidire sempre, servilmente, all'egemonia spirituale dell'Europa? E soprattutto se si trattava di una terra disseminata di alcune delle culture più brillanti ed enigmatiche del pianeta? A poco a poco, l'arcaico paesaggio della costa del Perù ha cominciato a configurarsi, a riempirsi di significato a mano a mano che la mia visione dello stesso maturava nel ricordo. Ma come evitare che una simile trasposizione non trascinasse con sé resti di altri paesaggi insiti nella memoria? Come evitare il verde della "montagna" [l'altopiano giungla peruviano, *n.d.r.*], visitata durante l'adolescenza? E come cancellare certi cieli mediterranei, certi vissuti segreti nati dalla contemplazione e dal sapere? E come cancellare vecchi sentimenti uniti al ricordo della giovinezza, della poesia, dell'amore? Ecco dunque che la materia si trasfigura e – grazie alla memoria – diventa paesaggio interiore, paesaggio culturale, paesaggio totale. Il paesaggio primordiale – nella sua palese dismisura geografica e spirituale – diventa "paesaggio infinito". La dimensione totale conduce all'inevitabile zero della meditazione trascendente. Forse in questi solenni spazi in riva all'Oceano Pacifico compare qualcosa dei giardini zen. Come se le nostre origini orientali più confuse fossero risorte grazie a un procedimento forse esatto nella sua motivazione.
La presenza della materia – nella sua qualità di spoglia – ci ricorda la nostra condizione carnale e il suo ineluttabile epilogo. Il deserto continua a essere

Selected Writings *Jorge Eielson*

El 'Paisaje infinito' de la costa del Perú (The Endless Landscape of the Peruvian Coast)[1]

In my youth, I was intrigued by the vision of the arid space surrounding Lima, the city where I was born. I always thought that such a geography was incapable of ever generating any optical enthusiasm, any outpouring of the soul and, consequently, any artistic thought. And if this unchanging extension was further covered by the enormous filthy sheet that Lima residents call sky, then the dilemma became even more inaccessible.

However — and I most certainly owe this to my long European life — filtered slowly, recalled with suffering, this pure landscape — for perfectly abstract — eventually established itself in my mind as a vital pictorial imperative. This happened in the late 1950s. That is, after having digested — to the best of my abilities — the great teachings of European visual thought, from the Flemish and Italian old masters of the fifteenth and sixteenth centuries to the fundamental innovations of Weimar's Bauhaus and Mondrian's Neo-plasticism. Not forgetting Dada, Surrealism and Picasso. Nor the great explosion of European and American abstract expressionism nor the first onslaught of *nouveau réalisme*, a kind of French pop art *ante litteram*. It was as if I — or perhaps the historical and cultural moment — were finally ripe for the recovery of this visual and tactile entity.

I began to sense a desperate absence of territory beneath my feet. It was as if all my previous inventions — the earliest of which were presented in Lima in 1948, before my trip to Europe, together with the first paintings of Fernando de Szyszlo, at the Galería de Lima — had been born out of thin air, that is, from hearsay, from other inventions, far removed from my own cultural and sensitive reality. I could not — no Peruvian or Latin American could — work from the extreme positions of a pictorial way of thinking like that of Europe. I had to dig for myself in this hostile dimension that nature and history had laid before me to which — *volente, nolente* — I had opened my eyes. This imperative gradually imposed itself through a series of experiences in which the memory itself began to take shape almost primordially and in harmony with its own internal mechanics: covering the fabric with materials and producing in these the accidents that nature — erosion, wind, heat, humidity, etc. — produces on the great canvas of the desert. I was living in Rome at the time and I remember asking a friend who was travelling to Lima to bring me back a little bag of sand from our beaches. My need for 'truth' had reached its summit. But I do not feel that there was anything obsessive about it. So, after a period of several years working on the same theme, the 'landscape' gave way to the human figure, also salvaged from the wreckage — like the remnants of a landscape lived out in an old, indelible sequence — by which I mean through their dresses, shirts, ties, evening dress, overalls, etc. and I was promptly left with only its most significant elements — tensions of textile materials on bare spaces, which I later called *quipus*.

But, for me, it was clearly about finding a method that would bring me as close as possible to the experience, almost becoming one with the material. Not manipulating it. Not violating its structure; just leaving it to act, minimally arranged over large surfaces. I forced myself to adopt a reflective attitude on the rights of nature and the precariousness of any artistic technique. And besides, if technique is something learned, why not use other procedures, more ancient than the European ones, such as those used in the paintings of China and Japan, Africa or the Pre-Colombian era? Why must we always bow slavishly to the spiritual hegemony of Europe? Especially if it were a land strewn with some of the most brilliant and enigmatic cultures on the planet? Gradually, the archaic landscape of the Peruvian coast began to take shape, to fill with meaning, as my own view of it matured in my memory. But how could I prevent such a transposition from sweeping along remnants of other landscapes established in my memory? How could I evade the green of the 'mountain' [the Peruvian high jungle, *editor's note*] that I used to visit in my teenage years? And how could I erase certain Mediterranean skies, certain secret experiences born out of contemplation and knowledge? And how could I obliterate old feelings tied to the memory of youth, poetry and love? Hence, matter is transfigured and — through memory — becomes the internal landscape, the cultural landscape, the total landscape. The primaeval landscape — with its flagrant geographical and mental excess — becomes the *infinite landscape*. The total dimension leads to the inevitable zero of transcendental meditation. Perhaps there is something of Zen gardens in these solemn spaces arranged along the edge of the Pacific Ocean. As if our most confused Eastern origins had been reborn out of a procedure that were perhaps exact in its motivation.

The presence of matter — as remnants — reminds us of our own carnal condition and its inevitable epilogue. Just as it was for our forefathers, the desert remains the cradle and the grave of our history.

– così come fu per i nostri predecessori – culla e tomba dei nostri avvenimenti storici. Paracas dove si tesse la misteriosa trama del nostro destino. Nessuna tecnica artistica imparata avrebbe potuto catturare questo *paesaggio-cimitero* pieno di un'abbondante vita sotterranea. Anche se la critica pretende di attribuire a questi orditi la ricetta dell'arte informale, niente avrebbe potuto servire meglio l'autore che la propria identità con la sabbia, il mare, il cielo e la giovinezza passata insieme a loro, teatro dei suoi primi piaceri (la mano che oggi scrive su quella sabbia continua a essere la stessa che un tempo scriveva i suoi primi versi su un foglio di carta). E gli stessi incantesimi della luce tra le dune, le stesse onde di sabbia, le stesse formazioni di scogli, le stesse impronte, lo stesso ardore della materia terrestre affiorano puntualmente alla memoria, come davanti a uno specchio. Il mito dell'eterno ritorno si illumina ancora una volta. Così, il "paesaggio infinito" si succede nel tempo e nella sequenza spaziale e – quadro dopo quadro, immagine dopo immagine, frammenti, dettagli – va formando quella geografia dell'anima che ognuno di noi porta nascosta in fondo alla propria esistenza. Scritta, dipinta, filmata o vissuta, è la scenografia e il personaggio centrale di una rappresentazione assoluta, perfetta.
Per l'autore il "paesaggio infinito" è anche – e continuerà a essere fino alle estreme conseguenze – un'esplorazione che si prolungherà all'infinito (parallelamente alle più svariate esperienze), come dimostrazione del fatto che una sola volta apriamo gli occhi davanti al mondo che ci circonda e una sola volta, inesorabilmente, li chiudiamo davanti a quello stesso mondo.

Parigi, ottobre 1968[2]

Le arti visive hanno compiuto un ciclo irreversibile che ci ha portati dalla rappresentazione figurativa alla più completa scomparsa dell'immagine (a favore del colore puro e dello spazio), per finire nel quadro (telaio e tela, ad esempio), nell'inscenamento nello spazio (ambiente) e, infine, nella visualità stessa, principale fine e base dell'opera.
Nei miei lavori attuali più rappresentativi, l'elemento visivo conta in modo molto relativo. Ciò che mi interessa nel fenomeno ottico non è tanto la qualità ottica quanto il fenomeno in sé. In altre parole: la distanza che esiste tra il mentale e il visivo propriamente detto. Il gioco di forze provocato dall'incontro tra la realtà percettibile e il pensiero. Ad esempio, uno dei miei esperimenti consiste nell'eliminazione di una parte della realtà di un oggetto, per ricostruire la parte invisibile con il solo aiuto del pensiero. Credo che se si effettua l'operazione con sufficiente spinta immaginativa, le forze immaginative dello spettatore saranno stimolate con un impulso simile, e il piacere della partecipazione sarà allora maggiore. La contemplazione passiva è senza dubbio una forma antiquata di piacere estetico che ha portato solamente alla paralisi dell'atto creativo, alla decadente accezione dell'"arte per l'arte", ai concetti già caduchi di forma e di sfondo, e alla conservazione di piccoli gruppi (élites o cerchie) con i quali la creazione attuale non ha niente in comune. L'arte di domani – se il nome "arte" esistesse ancora – sarà un'arte fatta per tutti e da tutti, come desiderava Rimbaud per la poesia. Ciò che propongo a me stesso nel tema del fenomeno visivo si applica soltanto a una piccola zona di indagine specifica, e non ha in assoluto la pretesa di "rinnovare il linguaggio della pittura".
Quindi, se per me la visualità ha ancora un valore di riferimento stimolante, si deve senza dubbio alla mia esperienza abbastanza breve in questo campo (ho lavorato con regolarità, ma con molte interruzioni, a partire dal 1960), nonché anche al turbolento flusso di immagini che ci inonda da anni. In realtà, qualunque sia l'etichetta con cui si presenta un'opera (figurativa, surrealista, geometrica, neorealista, espressionista, pop, minimalista, cinetica e così via), cambiano solo le etichette: il fenomeno visivo – senza parlare di altre implicazioni socioculturali – rimane sempre lo stesso. In un certo modo, la visualità (i *mass-media*, per esempio) è oggi un elemento di alienazione di prim'ordine, anche superiore, per il momento (per quanto riguarda il suo deplorevole risultato), alla sostituzione del cervello umano da parte dei computer e di altri giocattoli tecnologici.

Parigi, gennaio 1969[3]

Per quanto mi riguarda, considero esaurito il ciclo di indagini in cui sono stato immerso in questi ultimi dieci anni. I risultati non sono del tutto negativi. Dall'ordine geometrico ai giochi cinetici dei miei primi lavori europei (Parigi, 1948-1950), all'introspezione nella memoria e al ritorno alle origini, con cui ho proseguito il mio lavoro visivo vari anni dopo (quadri in rilievo, con sabbia, terra, cemento; Roma 1960), passando per l'abbigliamento, camicie e altri vestiti che ho finito per annodare, strappare, bruciare, sono arrivato a un sistema molto ridotto di nodi colorati (quipus) governati da precise leggi interne.
È così che mi sono trovato al punto di partenza di una nuova libertà di azione che, in modo molto naturale, ha finito per incorporare i segni della scrittura in un nuovo contesto. Collaborano in questo modo all'eliminazione progressiva dei supporti materiali e anche alla mia concezione più azzardata dello spazio e del tempo come parti integranti del fenomeno visivo. D'altra parte, questo coincide con un movimento generale di soppressione del corpo fisico dell'opera d'arte. Tuttavia, pur essendo parallela, come è già stato segnalato da una certa critica, la mia attività non ha alcun punto di contatto con l'arte concettuale americana. In effetti, l'arte concettuale non è altro che una nuova manifestazione della cultura razionalista e del pragmatismo americano, il che non ha veramente *nulla di artistico*. L'esaltazione del razionale e dell'efficienza (scienza e tecnologia) appartiene al mondo dell'*establishment* e non riafferma altra realtà che quella che si misura in termini economici. Inoltre, non si può chiamare *arte* – nome attualmente quasi equivoco – la semplice sostituzione della creazione con una necessità nevrotica del nostro apparato mentale con la *constatazione*. Tutto questo ha di positivo solamente una certa analisi critica e la verifica molto meditata dei termini più oggettivi del fenomeno creativo. Che, malgrado questa piccola parte visibile, rimane, come la vita stessa, avvolto nel mistero più assoluto.
La mia attività, se si vuole, tende invece soprattutto a un'apertura verso il mondo e il fenomeno umano, aspira e chiede a tutto l'ambiente circostante una

Paracas where the mysterious fabric of our destiny is woven. No learned artistic technique could have captured this *cemetery-landscape* brimming with a lush underground life. Although critics seek to attribute an informalist formula to these textures, nothing could have served the author better than his seeing himself reflected on the sand, sea and sky and the youth he spent with them, the theatre of his first pleasures. (The hand that writes on the surface of this sand today is the same one that wrote its first verses on a sheet of paper back then). And the same incantations of light among the dunes, the same waves in the sand, the same scatterings of rocks, the same footprints, the same vehemence of earthly matter promptly surface in the memory, as though standing before a mirror. The myth of the eternal return is once again illuminated. Thus, the 'infinite landscape' takes place in time and in the spatial sequence and — painting after painting, image after image, fragments, details — they shape this geography of the soul that each of us conceals deep within our individual existence. Written, painted, filmed or experienced personally, it is the stage and the main character of an absolute, perfect representation.
For the author, the 'infinite landscape' is also — and will remain so up to its extreme consequences — an exploration that will continue endlessly (in parallel with his most varied experiences) as evidence that it is only once that we open our eyes to the world around us for the first time and only once that we, inexorably, close them before it.

Paris, October 1968[2]

The visual arts concluded an irreversible cycle that took us from figurative representation to the complete disappearance of the image (making way for pure colour and space), to end with the painting (frame and canvas, for example), the staging of the space (environment) and, finally, visuality itself, as the end and basis of the work.
In my most representative current works, the importance of the visual element is very relative. What interests me about the optical phenomenon is not so much the optical part, but the phenomenon itself. That is, the distance between the mind and the visual per se. The interplay of forces spurred by the meeting of perceptible reality and thought. For example, one of my experiences consists of eliminating part of the reality of an object in order to reconstruct the invisible part solely with the aid of thought. I believe that if the operation is executed with sufficient imaginative drive, the imaginative forces of the viewer will be propelled by a similar drive, and the participative pleasure will thus be greater. Passive contemplation is an outdated form of aesthetic delight that only led to the paralysis of the creative act, the decadent acceptation of 'art for art's sake', the outdated concepts of form and substance, and the preservation of small groups (elites or brotherhoods) with which current creation has nothing in common. The art of tomorrow — if the name *art* still exists then — will be an art made for all and by all, just as Rimbaud yearned for in poetry. What I propose for myself with the visual phenomenon theme applies only to a small area of private research and is absolutely devoid of any intention to 'renew the language of painting'.
For, if visuality still holds the value of a stimulating reference for me, this is undoubtedly due to my somewhat brief experience in this field (I have worked regularly, albeit with many interruptions, since 1960), and the turbulent flow of images that has inundated us for years. Whatever the label attached to a work (figurative, surrealist, geometric, neorealist, expressionist, pop, minimal, kinetic, etc.), only the labels change: the visual phenomenon — without entering into other sociocultural implications — always remains the same. To an extent, visuality — with the mass media being an example of this — is now a first-rate element of alienation, currently even surpassing (in terms of its unfortunate result) the hijacking of the human brain by computers and other technological toys.

Paris, January 1969[3]

As for myself, I consider the cycle of investigations in which I have been immersed for the past ten years to have come to an end. The results are not all bad. From the geometric order and kinetic games of my early European works (Paris, 1948–1950) to the introspection into memory and return to the source with which I continued my visual work some years later (relief paintings, with sand, soil and cement; Rome, 1960), through clothing, shirts and other rags that I knotted, tore and burned, I arrived at a little system of coloured knots (*quipus*) governed by precise internal laws.
This is how I found myself at the starting point of a new freedom of action that, quite naturally, ended up incorporating the signs of written language in a new context. In this way, they collaborate in phasing out supporting materials and even — in my riskiest conception of space and time — as integral parts of the visual phenomenon. This also coincides with a general movement towards suppressing the physical body of the work of art. But my activity, although parallel to American conceptual art, has no points of contact with it, as some critics have suggested. Conceptual art is simply a new transformation of rationalist culture and American pragmatism, which is not really *art* at all. The exaltation of rationality and efficacy (science and technology) belongs in the world of the *establishment* and does not reaffirm any reality other than that which can be measured in economic terms. Furthermore, we cannot use the term *art* — an almost ambiguous name nowadays — to refer to the mere substitution of creation by a neurotic need for *verification* in our minds. The only positive thing about all this is a certain critical analysis and highly meditated verification of the most objective terms of the creative phenomenon. And, despite this small visible part, it is immersed, like life itself, in the most complete mystery of all.
Now, my activity focuses essentially on opening up to the world and the human phenomenon; it aspires to and asks of the whole environment an expansion free of any repressive limitations, be they social, economic, political, cultural, sexual, or otherwise.
By laying my cards on the table, all my energies are at stake and I can launch myself loyally and head on. Such energies can only hurt those who are blind of heart and spirit. Because there is nothing violent for anybody in my attempt to forge solidarity through

espansione libera da qualsiasi limitazione repressiva, sia essa sociale, economica, politica, culturale, sessuale o di altro tipo.
Nel mettere le carte in tavola, entrano in gioco anche tutte le mie energie e posso lanciarmi di petto e con lealtà. Tali energie non possono danneggiare altri che i ciechi di cuore e di spirito. Perché il mio tentativo di solidarizzare attraverso l'azione poetica (vera cura di disintossicazione dell'individuo-strumento) non ha niente di violento, né per gli uni né per gli altri. Si limita ad avvicinarsi ad alcuni individui offrendo loro uno sguardo su *ciò che potrebbe essere la loro vita vera*.
I mezzi di informazione e comunicazione sono strumenti che la società tecnologica mette nelle mie mani per raggiungere questa meta. Perché non dovrei utilizzarli?
La simultaneità – asse del mio lavoro attuale – provoca uno stato di comunione, al momento passeggera, che vedo tuttavia sempre più ampio. Le mie *Esculturas subterráneas* sono state concepite con questo fine. Così come il *Ballet subterráneo* e il *Concierto Urbi et Orbi*. E anche altri progetti che spero di poter realizzare in un prossimo futuro.
Premendo su alcuni punti nevralgici del malessere sociale e chiedendo per alcuni istanti la spontaneità naturale e la partecipazione creativa del cittadino di Parigi, New York o Tokyo, l'artista diventa un catalizzatore di vita autentica, un semplice filo conduttore di fraternità tra i popoli.
La coscienza planetaria può così prendere forma in un modo diverso da quello dei *media* consueti. L'obiettivo può sembrare lontano e ambizioso. Non lo è affatto. È una questione di fiducia e di fede nell'uomo.

L'uomo che annodò le bandiere[4]
Intervista rilasciata a Michel Fossey

Jorge Eduardo Eielson, che risiede a Parigi da quattro anni, vive in un appartamento-atelier in rue Censier, nel Quartiere Latino. Per una curiosa coincidenza, questo detrattore della letteratura ha eletto domicilio di fronte alla Facoltà di lettere della Sorbona. Glielo faccio notare:
Jorge Eduardo Eielson: È una pura coincidenza, e inoltre l'unica cosa che mi interessa del quartiere è il Jardin des Plantes, dove faccio lunghe passeggiate quotidiane. Della Facoltà mi interessano soltanto i giovani che la frequentano, di cui condivido in parte le idee, anche se generalmente le trovo troppo legate all'ambiente politico-intellettuale di Parigi, e anche troppo accademiche. Per esempio, se loro sono più Lacan o Althusser io sono piuttosto Barthes o Foucault. E non parliamo di McLuhan, un "fumista", né di Marcuse, "recuperato". Ma il mio contatto con questa gioventù è molto recente e preferisco non esprimere giudizi a riguardo.

Michel Fossey: *Il tuo romanzo* El cuerpo de Giuliano, *pubblicato in Messico l'anno scorso, è stato scritto negli anni cinquanta. Consideri questo testo rappresentativo delle tue idee attuali?*
J.E.E.: Nell'essenziale, forse sì. Per questo ho accettato di pubblicarlo. Nella formulazione e nella struttura letteraria, assolutamente no. È questa la cosa grave, poiché un libro vive a livello di linguaggio molto più che a livello unicamente di contenuto. D'altro canto, dovrei dire che il disgustoso sapore della decadenza individuale esplicito nel romanzo, in alcuni suoi personaggi, corrispondeva esattamente alle caratteristiche del mio linguaggio di allora. Detto questo, credo che questo genere non abbia più motivo di esistere. Il cinema ha soppiantato il romanzo, come la fotografia ha soppiantato il ritratto a olio. Il che non ha impedito a certi pittori periferici di continuare a fare ritratti d'ufficio, privi del benché minimo interesse creativo. Questo non significa neanche che tutte le attività chiamate letterarie debbano sparire dalla sera alla mattina. Se tra i lavoratori delle lettere si impone una coscienza generalizzata della nuova posizione del linguaggio scritto, una coscienza che tenga conto delle rinnovate dimensioni e dei limiti della scrittura nell'ambito del mondo attuale – ultra-bombardato di immagini e informazioni di ogni genere – solo allora sorgerà una nuova arte letteraria, come sta succedendo in quella che si chiama ancora "pittura". *El cuerpo*... potrebbe avere ancora valore solo in questo senso, dato che puntava soprattutto a una *mise en question* del linguaggio, avvalendosi per questo del suo stesso potere alienante.

M.F.: *Il tuo passaggio alla pittura nasce quindi da questo disincanto rispetto alla letteratura?*
J.E.E.: Sì e no. Il mio interesse per la pittura è sempre stato parallelo alla letteratura. È così certo che, prima di andarmene da Lima, nel 1948, esposi – insieme a Fernando de Szyszlo, che mostrava le sue prime tele – una serie di disegni, dipinti e oggetti di mia invenzione fatti con scope, fili di metallo, velluto, legno bruciato e dipinto. Come vedi, sono sempre stato un po' assurdo nelle mie attività. Mi riconosco una sola qualità: quella di non essere mai soddisfatto di niente. Con una sola eccezione: nella vita quotidiana mi accontento di molto poco. Tranne alcuni oggetti che fanno parte della mia vita strettamente personale, non ho alcuna inclinazione per il superfluo.

M.F.: *Che cosa intendi per superfluo?*
J.E.E.: Venti paia di scarpe, per esempio. Ne basta un quinto. Invece del resto, preferisco un piccolo oggetto africano o precolombiano, che mi colma di felicità e mi insegna tanto...
M.F.: *Per altri, il piccolo oggetto africano è superfluo...*
J.E.E.: Naturalmente, tutto è relativo. Fino a pochissimo tempo fa neanch'io potevo permettermelo e ne ho sofferto molto. Non per le scarpe...

M.F.: *In una parola, la sobrietà della tua vita è una scelta consapevole...*
J.E.E.: Consapevole no, ma una scelta sicuramente sì, nella misura in cui fa parte della mia natura. Inoltre, i segni esteriori di ricchezza mi sembrano crudeli nel mondo in cui viviamo. E ancor più per un peruviano, o latinoamericano, cittadino di un paese in cui la ricchezza privata è un insulto e la miseria una vergogna secolare. L'austerità in cui vive un "guru" induista, ad esempio, è il risultato ancestrale di una miseria che si perde nel tempo.

M.F.: *Credi che la tua inclinazione alla filosofia e alle religioni orientali abbia influito sul tuo atteggiamento?*
J.E.E.: Certamente. Ma non pratico nessun tipo di yoga per affrontare meglio le aggressioni della vita contemporanea. È una deformazione occidentale

poetic action (the true remedy for detoxification of the individual-instrument). It is limited to getting closer to some individuals by giving them a glimpse of *what could be their real life*.

The media are tools that the technological society puts in my hands to achieve this goal. Why shouldn't I use them?

Simultaneity — the axis of my current work — creates a state of communion, fleeting for the moment, but which I always see as wider. My *Esculturas subterráneas* were conceived with this end in mind. As were *Ballet subterráneo* and *Concierto Urbi et Orbi*. And other projects that I hope to produce in the near future.

By pressing on the nerve centres of social unrest and requesting for a few moments natural spontaneity and the creative participation of citizens in Paris, New York or Tokyo, the artist becomes a catalyst of authentic living, a mere guide in forging brotherhood among peoples.

Planetary consciousness can thus take on a different shape to the usual media. The goal may seem distant and ambitious. But it is not at all. It is a question of trust and putting one's faith in man.

El hombre que anudó las banderas (The Man who Knotted Flags)[4] Interview with Michel Fossey

Jorge Eduardo Eielson has spent the last four years living in Paris in a studio apartment on rue Censier, in the Latin Quarter. It is a strange coincidence that this literary detractor has taken up residence opposite the Faculty of Arts of the Sorbonne. I point it out to him:

Jorge Eduardo Eielson: It's pure coincidence and, besides, the only thing of interest to me in the neighbourhood is the Jardin des Plantes; where I take long daily walks. In the Faculty of Arts, the only thing that interests me are the young people who gather there, since I share their ideas in part, although I generally find them too caught up in the political and intellectual atmosphere of Paris, and overly academic. For example, they are more into Lacan or Althusser, whereas I'm more Barthes and Foucault. Not to mention the 'braggart' McLuhan or the 'recoveree' Marcuse. But my contact with these young people is still very new and I'd rather not pass judgement on them.

Michel Fossey: *Your novel* El cuerpo de Giulia-no *published in Mexico last year, was written in the 1950s. Do you consider this text representative of your current ideas?*

J.E.E.: In essence, yes. That's why I agreed to publish it. In its formulation and literary structure, no. Not at all. This is the serious thing, because a book lives at the level of its language far more than at the level of its content alone. However, I would have to say that the distasteful explicit individual decadence seen in the novel, in some of its characters, fully corresponded to the characteristics of my language back then. That said, I don't think that this genre has a *raison d'etre* any more. Film has supplanted the novel, just as photography supplanted oil portraits. This has not prevented certain peripheral painters from continuing to make a trade in portraits, albeit devoid of any creative interest. Nor does this mean that all so-called literary activities must disappear overnight. If a general awareness of the new position of the written language could be established among workers of letters, an awareness that takes into account the renewed dimensions and limitations of writing in today's world — ultra-bombarded with every manner of image and information — only then will a new literary art emerge, as is happening in what we still refer to as 'painting'. Only in this sense could *El cuerpo...* retain its currency, since it points primarily to a *mise en question* of language, relying on its own alienating power to do so.

M.F.: *So was your path to painting spurred by this disappointment with literature?*

J.E.E.: Yes and no. My interest in painting has always been parallel to literature. This is very true because, before leaving Lima, in 1948, I had an exhibition with Fernando de Szyszlo, who was showing his first canvases, at which I showed a series of drawings, paintings and objects of my own invention made from brooms, metal thread, velvet, burned and painted wood, etc. So, you see, I've always been a bit all over the place with my activities. I see one quality in myself: that of never being satisfied with anything. With one exception: in everyday life, it takes very little to make me happy. Apart from certain objects that form part of my strictly personal life, I have no inclination for superfluity.

M.F.: *What do you mean by superfluity?*

J.E.E.: Twenty pairs of shoes, for example. A fifth of them is enough. I could trade everything else for a small African and Pre-Columbian object, which fills me with happiness and teaches me so much...

M.F.: *For others, the small African object would be superfluous...*

J.E.E.: Of course, everything is relative. Until recently I could not afford it either and I suffered dearly because of it. Not for shoes...

M.F.: *In a word, the sobriety of your life is a conscious choice...*

J.E.E.: Not a conscious one, but certainly a choice, yes, to the extent that it is part of my nature. Besides, I think that external signs of wealth are cruel in the world in which we live. And even more so for a Peruvian or a Latin American who are citizens of a country where private wealth is an insult and misery brings secular shame. The austerity in which a Hindu guru lives, for example, is the ancestral result of a poverty lost in time.

M.F.: *Do you think that your penchant for philosophy and Eastern religions have influenced your attitude?*

J.E.E.: Most certainly. But I do not practice yoga of any sort to help me cope with the trials of modern life. That is a Western deformation that I find snobbish and embarrassing. I've had an interest in Zen Buddhism for about 12 years and I practise it where possible. It is a form of Buddhism that does not require excessive outward discipline. Zen cannot be defined in words; it is based essentially on concentration and a calmness of mind, disconnection from material things, love towards animals and things without distinction, together with an awareness of 'detachment' and constant attention. It is a subtle state of mindfulness and

che trovo imbarazzante e "snob". Da circa dodici anni mi interessa, e nei limiti del possibile pratico, il buddismo zen. È una forma di buddismo che non richiede una disciplina esteriore eccessiva. Indefinibile con le parole, lo zen si basa soprattutto sulla concentrazione e sulla calma della mente, l'allontanamento da ciò che è accessorio, l'amore per le creature e le cose senza alcuna distinzione, e al contempo una coscienza del "distacco" e una perenne attenzione. È uno stato di veglia sottile e di profonda adesione al creato, una comunione e una rinuncia al tempo stesso. Naturalmente questa è una definizione imperfetta che tuttavia sono molto lontano dall'aver raggiunto nella pratica. Ma confesso che da quando ho scoperto il buddismo zen la mia vita è cambiata radicalmente.

M.F.: *Tornando alla letteratura, da te tanto aborrita, cosa pensi oggi della tua poesia precedente a* El cuerpo...? *Hai scritto qualcosa dopo? Quando hai smesso di scrivere?*
J.E.E.: Mi è molto difficile giudicare le mie vecchie poesie. Sarebbe come giudicare la mia stessa giovinezza. In ogni caso, credo che salverei molto poco dall'oblio. Forse la *Canción* y *muerte de Rolando, Antígona*, un paio di poesie di *Reinos* e alcuni altri esercizi, *Habitación en Roma* e qualche verso di *mutatis mutandis*. È tutto. Questa poesia è stata considerata da alcuni miei compatrioti troppo "sontuosa" e "désengagée" (disimpegnata), surrealista, europeizzante e così via. Tuttavia, io che sono di Lima, ossia della costa del Perù, e che ho visto praticamente tutte le forme d'arte esistenti, non ho mai visto niente di più "sontuoso" e sfavillante delle stoffe di Paracas, dei mantelli di piume e dei tessuti di Chancay, della ceramica di Nazca, Chavín o Mochica. L'oro e le pietre, così come i materiali morbidi quali la lana e il cotone abbondano nel nostro passato artistico, compreso il barocco coloniale spagnolo. Circondati come noi dal deserto, anche gli arabi o gli egizi produssero un'arte e una poesia "sontuose", come contrapposizione all'ambiente ostile. Può darsi che tutto questo sia una debolezza umana, ma è così. In quanto alla poesia "engagée", manca di senso. Non è una cosa che si premedita. La poesia, se è veramente poesia, è sempre impegnata. Contemporaneamente a *El cuerpo de Giulia-no* — che ho interrotto varie volte — ho scritto alcuni brevi testi e piccoli lavori per il teatro, a parte un testo più lungo, di ambientazione marittima, che ho lasciato incompiuto. Dopo il romanzo, fino al 1960 – data in cui riprendo il mio lavoro visivo – non si può dire che "abbia scritto in senso tradizionale", ma piuttosto che ho compiuto alcuni esperimenti dal punto di vista del linguaggio. Alcuni di questi sono quelli che conosci e che, come avrai visto, comportano certe difficoltà di pubblicazione.

M.F.: *In tali esperienze mi pare di vedere già il paesaggio, diciamo il ponte che ti porterà in seguito al tuo lavoro attuale, a cavallo tra verbale, visivo e azione. Potresti chiarire come ci sei arrivato?*
J.E.E.: È un po' come gli innamorati che si stancano di scriversi lettere e prendono il treno, l'aereo o la macchina e corrono l'uno incontro all'altro. Le parole non bastano più. La cosa pericolosa è che, nella disperazione di arrivare, si può perdere la rotta o subire incidenti, a volte mortali. Io sono l'automobilista disperato che corre incontro all'umanità, a cui fino a qualche anno fa mandavo soltanto poesie, belle lettere, messaggi d'amore sommamente elaborati e sinceri, ma inconcludenti. Forse non mancava qualche perla, ma non era sufficiente. Per me sogno e realtà hanno iniziato a dividersi nettamente, a favore della realtà. È più importante prendere per il bavero un'umanità che corre verso il caos che trasmetterle le proprie visioni poetiche. Ognuno degli esseri che ci circondano, senza esprimerlo, è capace di sentire a suo modo il turbamento lirico come qualsiasi poeta. Ognuno ha il suo mondo, la sua infanzia, il suo paradiso perduto, il suo principe azzurro, il suo Natale con la neve (come ho avuto io, vivendo a Lima!), e se non è tutta la poesia, ne è sicuramente una parte, la più importante. L'altra faccia del poeta – la faccia tragica di un Vallejo, per esempio – è quella che dà grandezza alla prima, dato che corrisponde a una mutilazione. Senza la sua tragedia personale Vallejo non sarebbe stato Vallejo, e tutto un continente non avrebbe avuto una voce tanto sublime e sfacciata. Perché la poesia della vita e la poesia della morte si danno la mano nell'uomo ed è impossibile separarle. Il linguaggio, in questo caso, è incapace di realizzare questa operazione.
E dato che tutte le mie convinzioni mi portano a credere di più alla vita, solo l'azione stessa, che è di per sé vita, mi sembra adatta a stabilire un contatto più profondo tra gli individui. Leggere un libro di poesie, ognuno a casa sua, e poi uscire a togliere il pane al vicino mi pare di un cinismo atroce. La pseudocultura alienata produce queste mostruosità, di cui sono stato testimone. È lo stesso che l'ipocrisia cattolica. L'omuncolo con il vestito pieno di cera che pronuncia mille volte il suo "mea culpa" nel tempio, è lo stesso che più tardi metterà per strada una povera donna incinta, e con quattro pargoli, perché non le paga l'affitto di un miserabile tugurio. La mia convinzione dell'inutilità sociale della letteratura trova origine in questo atteggiamento. Mi sembra quasi un reato di lesa umanità scrivere poesia o creare "opere d'arte" solo per alcuni, soprattutto quando si tratta di problemi che riguardano tutti gli uomini. È come dipingere quadri sulla guerra del Vietnam per decorare il salone di un signore borghese. O come la tecnologia moderna che, sviluppata a partire da un laboratorio privato – vale a dire, da una grande impresa privata – rimane sempre nelle mani di alcuni fortunati possessori che la usano per lo sfruttamento del povero consumatore.

M.F.: *Nel tuo lavoro di pittore hai adottato un parti-pris (un'idea preconcetta) cosciente, a partire da questa critica dell'aneddotica sociale? O le forme pure e astratte corrispondono semplicemente alla tua vocazione estetica?*
J.E.E.: Una cosa è legata all'altra. Al margine dei problemi sociali del momento, credo che esisterà sempre una zona riservata alla conoscenza pura, alla ricerca artistica e scientifica, e anche alla filosofia. Uno spirito rivoluzionario comincia col rivoluzionare la sua vita e le strutture della propria attività, del proprio mestiere. Non c'è cambiamento né mutazione possibile senza un incontro profondo tra le nuove strutture sociali e quelle individuali.

M.F.: *Nella tua mostra parigina di qualche mese fa, ho potuto vedere una serie di "quipus" corrispondenti a*

deep attachment to what is created, a communion and a renunciation at the same time. Of course, this is an imperfect definition that I am nevertheless a long way off achieving in my practice. But I will say that my life has changed dramatically since I discovered Zen Buddhism.

M.F.: *Going back to literature, which you abhor, what do you now think of your poetry prior to* El cuerpo...? *Have you written anything since then? When did you stop writing?*
J.E.E.: It is very difficult for me to judge my old poems. It would be like judging my youth. But I think that I would rescue very little from oblivion. Perhaps *Canción* and *muerte de Rolando, Antígona,* a couple of poems from *Reinos* and a few other exercises, *Habitación en Roma* and some verses from *mutatis mutandis.* And that's all. Some of my countrymen consider this poem too *sumptuous* and *desengagée* (non-committal), surrealist, Europeanising, etc., etc. But for someone like me, from Lima, that is, from the coast of Peru, and I've seen virtually all existing forms of art, I have never seen anything more 'sumptuous' and extraordinary than the fabrics of Paracas, the feather mantles and fabrics of Chancay, the ceramics of Nazca, Chavín or Mochica, etc. Gold and precious stones and soft materials like wool and cotton abound in our artistic past, including the Spanish Colonial Baroque. Also surrounded by desert, the Arabs and Egyptians produced 'sumptuous' art and poetry too, in opposition to their hostile environment. It may be that this is all human weakness, but that's how it is. As for *engagée* poetry, it is meaningless. You cannot premeditate that. Poetry, if it really is poetry, is always committed. While working on *El cuerpo de Giulia-no*, whose process I interrupted many times, I wrote some short texts and small pieces for theatre, as well as a longer, maritime-themed text that I left unfinished. After the novel and up to 1960 — which is when I went back to my visual work — it cannot be said that 'I wrote in the traditional sense'; rather, I realised certain experiences from the point of view of language. Some of these you know and, as you will have seen, present certain difficulties for publication.

M.F.: *In these experiences, I feel like I can see the path, or perhaps, the bridge that would later lead you to your current work, midway between verbal, visual and action. Could you explain how you arrived at that point?*
J.E.E.: It's a bit like two lovers who get tired of writing each other letters and get on the train or plane or car and rush into each other's arms. Words are no longer enough. The danger is that, in the desperation to arrive, one can lose one's grip of the helm or accidents — sometimes fatal — can happen. I am the desperate motorist rushing towards the encounter with humanity, which, until a few years ago, sent only poems, beautiful letters, supremely elaborate and sincere yet inconclusive messages of love. Perhaps there were some pearls there, but they were not enough. The dream and the reality began to separate cleanly for me in favour of the reality. It is more important to grab hold of the humanity rushing into the chaos than to transmit to it one's own poetic visions. In their own way, every being around us is capable of feeling the same lyrical commotion as any poet without expressing it. Everyone has their world, their childhood, their paradise lost, their handsome prince, their Christmas in the snow (just as I had... living in Lima!), and if all that is not poetry, certainly a part of it — the most important part — will be. The other facet of the poet — the tragic facet of a Vallejo, for example — is what accords grandeur to the former, since it is the result of a mutilation. Without his personal tragedy, Vallejo would not have been Vallejo and an entire continent would have lost out on his sublime and insolent voice. Because when the poetry of life and the poetry of death come together in man, they are impossible to separate. Language, in this case, is incapable of performing this operation.
And since all my convictions lead me to a stronger belief in life, for me, only the very action, which is life in itself, is appropriate for establishing deeper contact between individuals. For me, to have everybody reading a book of poems in their own homes, only to then go out and take the neighbour's bread is a cynicism of the deepest kind. Alienated pseudoculture produces these monstrosities, which I myself have witnessed. It is the same as Catholic hypocrisy. The man in the stiff suit who utters his *mea culpa* a thousand times inside the church is the same man who later throws a poor pregnant woman and her four infant children out on the street because she cannot pay the rent on a miserable hovel. The roots of my conviction of the social futility of literature lie in this attitude. To me, it is virtually a crime against humanity to write poetry or create 'works of art' for the select few, especially on issues that concern us all. It is like doing Vietnam War paintings to decorate the living room of a bourgeois gentleman. Or modern technology, which is developed in private laboratories — that is, large private companies — and always remains in the hands of a few lucky owners who use it to exploit the unhappy consumer.

M.F.: *In your work as a painter, have you adopted a conscious parti pris based on this critique of the social anecdote? Or are the pure and abstract forms simply the result of your aesthetic vocation?*
J.E.E.: The two things go hand in hand. Regardless of the social issues of the day, I think that there will always be a space reserved for pure knowledge, artistic and scientific research and philosophy. A revolutionary spirit starts out by revolutionising one's own life and the structures of one's own activity, of one's own profession. There can be no possible change or mutation without a profound encounter between the new social structures and the individual ones.

M.F.: *In your Paris show a few months back, I saw a series of* quipus *from an earlier period. What was different about what you showed in Venice?*
J.E.E.: In Paris, group of works from 1966-1969 were shown. In truth, it was the show of the *marchand*, not 'my show', because the works had been purchased previously. Anyway, it's only right that they be shown because they are still a problem of mine that I have worked on for many years. By contrast, at the Venice Biennale, I showed a room or space animated by tensions between the walls and floor. The work existed and died within this space

un periodo precedente. Che cosa hai presentato invece a Venezia?
J.E.E.: A Parigi è stato presentato un gruppo di lavori corrispondenti al 1966-1969. In realtà si è trattato della mostra del "marchand", non della "mia mostra", perché le opere erano state acquistate in precedenza. In ogni modo, è giusto che siano esposte dato che continuano a essere un problema mio, al quale ho lavorato per molti anni. Alla Biennale di Venezia ho presentato invece una sala o spazio animato da tensioni tra il muro, la parete e il pavimento. L'opera giaceva e moriva dentro a questo spazio e non era in alcun modo trasportabile. Il tema della sala è stato "247 metri di tela di cotone grezzo", che ho scritto molto chiaramente su una parete, dato che tutta la sala, soffitto e pareti, è stata foderata con tela di cotone, comprese le tensioni del materiale stesso. Il risultato è stato un ambiente luminoso che metteva in evidenza lo spazio stesso, a partire da poche linee di forza. In quella struttura nuda ho introdotto il corpo anch'esso nudo di una ragazza...

M.F.: *El cuerpo de Giulia, il corpo di Giulia a Venezia...*
J.E.E.: Ebbene sì: i temi dei pazzi sono sempre gli stessi... anche se si trattava piuttosto del corpo di Mayana... Comunque, la ragazza appariva e spariva, con ritmo variabile tra metri e metri di tela di cotone che io dispiegavo e annodavo intorno a lei. Credo che gli spettatori siano stati veramente "presi" dal risultato, che ha fatto vivere loro qualche istante di purezza integrale.
M.F.: *Che vuoi dire con purezza integrale?*
J.E.E.: Voglio dire che stavano *veramente* vedendo e vivendo l'immagine della purezza nel corpo della ragazza – un'adolescente di diciassette anni – circondata da elementi altrettanto puliti. Nessuna illusione, nessuna interpretazione personale – come davanti a un quadro – se non la pura evidenza.

M.F.: *La tua sala corrisponde alle tue idee attuali, o si riallaccia piuttosto al tuo lavoro precedente?*
J.E.E.: Proprio così. Si riallaccia piuttosto a quello che facevo prima. È stata una buona occasione per liquidare tutto quello. Ma è venuta abbastanza bene, e mi fa piacere.
M.F.: *Che cosa hai presentato a "documenta"?*
J.E.E.: Alla mostra di Kassel ho realizzato una "azione", ossia un'opera effimera. Come è avvenuto, in un altro modo, a Venezia.

M.F.: *A che cosa è dovuta questa inclinazione per i materiali e le opere effimere?*
J.E.E.: Be', per cominciare nessuno ha autorità sufficiente per decidere cosa sarà definitivo e cosa non lo sarà. Il solo pretenderlo è di una superbia senza limiti. Inoltre, i cosiddetti materiali "nobili" alimentano una certa forma di razzismo della materia che mi infastidisce. E come se non bastasse, con questi materiali qualsiasi lavoro corre il rischio, se è brutto, di rimanere brutto per sempre, e di contribuire allo spaventoso accumulo di detriti che soffoca le città moderne. Io preferisco, sempre che sia possibile, produrmi più nel tempo, nella memoria, o attraverso materiali lievi e intensi, facilmente sostituibili o trasportabili e che "vivono" solo in un determinato spazio o momento. I tessuti e la carta hanno queste qualità. Mi permettono la ripetizione di una serie di "azioni" che vado spargendo in vari luoghi della terra, senza neanche la necessità della mia presenza fisica. A "documenta", come prima a Venezia, in piazza San Marco (ma questa è stata solo una prova) ho proposto un *Concierto de la paz* per flauto, tamburi e carta bianca...

M.F.: *La carta bianca è un'allusione alla tua rinuncia letteraria?*
J.E.E.: Sì, chiaro. I miei ultimi "scritti" del 1960 praticamente non sono altro che fogli di carta bianca. Vale a dire il supporto della parola stampata che soppianta la parola stessa. Il processo è molto semplice: a mano a mano che si procede nell'indagine estetica, tutte le barriere cadono e qualsiasi divisione tra i generi (poesia, romanzo, pittura, scultura, recitazione, teatro, musica) appare artificiosa e accademica. A Kassel, il foglio di carta è diventato strumento musicale. Gli ascoltatori (spettatori) agitavano i volantini bianchi a seconda delle indicazioni del flauto e dei tamburi. La partecipazione è stata totale e lo spettacolo molto bello.
M.F.: *Dopo Kassel sei stato invitato a Monaco. Che cosa hai fatto lì?*
J.E.E.: Oh, quella è stata un'esperienza eccezionale, che è finita in modo tragico, come tutti sanno!

M.F.: *Come è stato esteso l'invito? Quali altri latinoamericani hanno partecipato?*
J.E.E.: L'invito è stato esteso dai membri del comitato creato apposta per la realizzazione del Progetto Spielstrasse (Viale dei Giochi). Sono stato l'unico latinoamericano invitato. Tra gli altri artisti, alcuni dei quali stimo e che hanno un'opera importante, c'erano Allan Kaprow, l'americano creatore degli happening, il musicista sempre americano La Monte Young, il francese Ben, l'italiano Ceroli, il giapponese Kudo, il tedesco Schwegler. I pittori e scultori Lichtenstein, Tinguely, Arman, Arakawa, che erano stati pure invitati, non hanno partecipato per motivi diversi. E poi vari gruppi di teatro d'avanguardia di ogni parte del mondo, come il Mixed Media di Berlino, il Magique Circus di Parigi, il gruppo Terayama di Tokio e così via. Anche gruppi di musica jazz, pop e altro. La parte cinematografica è stata molto importante, come anche la rete televisiva.

M.F.: *A quanto capisco hai presentato un progetto abbastanza complesso: in che cosa è consistito?*
J.E.E.: Ho presentato un progetto articolato in quattro tempi: 1. "Tema musicale", 2. Azione per grande pubblico, 3. Simultaneità e 4. Registrazione. Il tema musicale scelto è stato un passaggio del *Canto degli adolescenti* di Stockhausen, che avrebbe dovuto essere ripetuto quotidianamente, a ore fisse, per renderlo familiare al pubblico (sistema standard degli *hits* ma in questo caso utilizzato per altri scopi). Il secondo tempo era l'annodamento delle bandiere giorno dopo giorno, sempre davanti al pubblico, fino a esaurire tutti i paesi partecipanti. Il terzo tempo si riferisce alla simultaneità musicale e sarebbe consistito nell'esecuzione simultanea di varie opere in diverse città del mondo, alla stessa ora, ossia all'ora prevista per la cerimonia di chiusura delle Olimpiadi di Monaco. Il quarto tempo non si riferisce soltanto all'incisione sonora, ma al fatto di documentare tutto il progetto mediante diapositive, colonne sonore, film, videoclip e il parere del pubblico. In

because there was no way of transporting it. The theme of the room was '247 metres of unbleached cotton fabric', which I wrote very clearly on a wall, given that the entire room, ceiling and walls, was lined in cotton fabric, including the tensions of the same material. The result was a light-filled ambience that highlighted the space itself using just a few taut lines. I also introduced the naked body of a girl in the bare structure...

M.F.: *The body of Giulia in Venice...*
J.E.E.: Yes, we are always haunted by the same issues.., although this time it was the body of Mayana... At any rate, the girl appeared and disappeared at a varying rate between metres and metres of cotton cloth that I unfolded and knotted around her. I think the viewers were quite taken by the result, which gave them a fleeting experience of absolute purity.

M.F.: *What do you mean by absolute purity?*
J.E.E.: I mean that they were *really* seeing and living the image of purity in the body of this 17-year-old girl surrounded by equally clean elements. No illusions, no personal interpretations — as with a painting — pure evidence.

M.F.: *Does your room correspond to your current ideas, or is it linked to your previous work?*
J.E.E.: That's right. It is connected to what I was doing before. It was a good opportunity to put a lid on all that. But it went pretty well, and I'm happy about that.

M.F.: *What did you show in* documenta?
J.E.E.: At the Kassel show, I did a 'performance', an ephemeral work. Just as I did in Venice, albeit in a different way.

M.F.: *Where does this inclination for materials and ephemeral works come from?*
J.E.E.: Well, for starters, no one has the authority to decide what will be final and what will not. To attempt to do so would be arrogance of the highest degree. Referring to materials as *fine* also feeds a sort of racism of matter that irks me. What's more, when you use these materials you run the risk, if the work is poor, of it staying poor forever, and contributing to the frightful accumulation of detritus that is choking modern cities. Given the choice, I prefer to produce more in time, in memory, or by means of light and intense materials that are easily replaceable or transportable and which 'live' only in a certain space or time. Fabric and paper possess these qualities. They let me repeat a series of 'performances' that I disseminate across several locations on earth, even without my physical presence. In Documenta, as before in Venice, in St Mark's Square (although this was only a test run) I offered a *Concert of Peace* for the flute, drums and white paper...

M.F.: *Is the white paper an allusion to your resignation from literature?*
J.E.E.: That's right. My last 'writings' from 1960 are virtually pieces of white paper. That is, the medium of the printed word that supplants the word itself. The process is very simple: as one advances in aesthetic research, all barriers are broken down and any division between genres (such as poetry, novels, painting, sculpture, recitation, theatre, music, etc.) appears contrived and academic. At Kassel, the sheet of paper became a musical instrument. The listeners (viewers) waved their blank sheets to the directions of the flute and the drums. There was a full turnout and it was a very beautiful show.

M.F.: *After Kassel you were invited to Munich. What did you do there?*
J.E.E.: Oh, that was an out of this world experience, with a tragic ending, as we all know!

M.F.: *How did you get invited? Which other Latin Americans took part?*
J.E.E.: We were invited by members of the committee created specifically for the Spielstrasse project. I was the only Latin American to be invited. Among the other artists — some of whom have important works and I hold them in high esteem — there was Allan Kaprow, the American creator of Happenings, his fellow American the musician La Monte Young, France's Ben, the Italian Ceroli, Japan's Kudo and the German Schwegler. The painters and sculptors Lichtenstein, Tinguely, Arman and Arakawa were also invited but did not participate for one reason or another. There were also several avant-garde theatre groups from around the world, such as Mixed Media from Berlin, Magique Circus from Paris, Tokyo's Terayama, etc. And there were jazz and pop groups too, etc. The film part was very big, as was the television network.

M.F.: *I understand that you showed a very complex project. What was it about?*
J.E.E.: I showed a project in four stages: 1. 'Musical piece', 2. 'Action for the general public, 3. Simultaneity, and 4. Recording. The chosen music was an excerpt from Stockhausen's 'Song of Youth', which was supposed to have been repeated daily, at certain times, to get the public familiar with it (standard system for *hits* but for other purposes in this case). The second stage was the knotting of the flags every day, always before the public, until all the flags of the participating countries had been done. The third stage refers to musical simultaneity and would have involved the simultaneous performance of several works in different cities around the world at the same time, that is, the scheduled time of the closing ceremony of the Olympics in Munich. The fourth stage refers not only to the sound recording, but also to the fact of recording the entire project on slides, soundtracks, films, video footage, and public opinion. I originally proposed the knotting of the flags (*Grand Quipu of the Nations*) at the Olympic Stadium, which would involve leaving the cultural area and going out to meet the public, as is my aim in almost all of my current works. That proved impossible for various reasons, as was to be expected. However, the space that I was allocated, in front of the stadium, separated from it only by a mirror of water of a few dozen metres, was very suggestive and, most importantly, allowed for constant contact with the public. Everything was going well for the first ten days and I must admit that, despite my conscious critical attitude towards the white elephant of the Olympics and the inevitable rhetoric of the occasion, I was literally immersed in the tide of human euphoria and the unparalleled celebration it witnessed over

origine proposi l'annodamento delle bandiere (*Gran Quipu de las Naciones*) per lo Stadio Olimpico, per uscire dall'ambito culturale e andare incontro al grande pubblico, che è l'obiettivo di quasi tutti i miei lavori attuali. Fu impossibile per ragioni di vario ordine, com'era prevedibile. Ciononostante, lo spazio che mi fu destinato, di fronte allo Stadio, separato soltanto da uno specchio d'acqua di alcune decine di metri, era molto suggestivo e soprattutto a contatto permanente con il pubblico. Tutto si svolse felicemente durante i primi giorni e confesso che, malgrado il mio consapevole atteggiamento critico nei confronti dell'elefante bianco delle Olimpiadi e dell'inevitabile retorica dell'occasione, fui letteralmente sommerso dalla marea di euforia umana che durante quei giorni visse una festa impareggiabile. Tutto, gli impianti sportivi ultramoderni e perfetti, la qualità degli eventi, il dispiegamento di mezzi tecnici senza confronto, la gentilezza degli abitanti di Monaco e anche il sole splendente e la bellezza dell'immenso Parco Olimpico, dolci colline verdi e soffici giardini, tutto concorse a questo risultato. Dovetti accettare un vero e proprio "bagno di folla" quotidiano mentre annodavo le mie bandiere. Fino alle 9 di sera quando andavo a dormire, arreso, ma felice delle opinioni suscitate dalle mie bandiere, favorevoli all'unità planetaria e all'abolizione di tutte le frontiere, vale a dire della bandiera stessa. Fu un'esperienza bellissima. Finché arrivò, come una pugnalata alle spalle, la tragica alba del 5 settembre. Trascorremmo una giornata di una tristezza e di una tensione come non mi era mai capitato prima. Il silenzio, un silenzio disumano, fu l'unica cosa che percepii intorno a me. Nessuno, men che meno gli artisti partecipanti, osava difendere o accusare i "fedayin". La disperazione di un popolo depredato si manifestò alla grande festa olimpica e quasi ci fece vergognare. Ma non eravamo neanche capaci di giustificare un atto simile, in una simile occasione. Avvertivamo troppo profondamente il dramma di un popolo e l'inutile olocausto di tante vite umane per poter andare avanti con la nostra partecipazione. Decidemmo di interrompere ogni attività nella Spielstrasse, anche se negli stadi gli sport fossero continuati, come infatti successe.
In ogni caso, riuscii ad annodare un gran numero di bandiere e ottenni una documentazione abbastanza importante dell'atto, attraverso film per la televisione a colori tedesca, inglese e americana, fotografie a colori, anche slide, e soprattutto cartoni che misi a disposizione del pubblico perché esprimesse il suo parere. Oggi sono veri documenti spontanei, scritti in tutte le lingue e che meritano uno studio socio-psicologico. Tutto questo materiale sarà esposto in vari musei della Germania durante la prossima stagione. La cerimonia finale per cui avevo previsto la simultaneità musicale con Parigi, Stoccarda, Roma, Città del Messico, New York, Tokyo e Santiago, non si svolse, purtroppo, poiché era fissata per il 10 settembre. Il concerto fu eseguito solo in parte e lo realizzerò integralmente in un'altra occasione. Peccato, perché in quell'occasione le bandiere annodate in cerchio in un anfiteatro del diametro di 50 metri, davanti alla folla e con la musica di Stockhausen, sarebbero state uno spettacolo. Soprattutto quando, di sera, gli avrei dato fuoco, come avevo previsto. Che significato avrebbe assunto quell'anello di fuoco, e soprattutto dopo la tragedia!

M.F.: *Dev'essere stata un'esperienza veramente straordinaria. Mi immagino che, a parte i pareri scritti, ne avrai raccolti molti verbali. Che cosa ti hanno detto i peruviani, o gli altri latinoamericani?*
J.E.E.: A migliaia, certo; le opinioni erano di tutti i generi, però la maggior parte favorevoli all'unità dei popoli, anche se si fosse trattato solo di una utopia. Di peruviani non ne vidi neanche uno, e appena un paio di sudamericani che sicuramente non mi presero sul serio.
M.F.: *Il Perù non partecipò alle Olimpiadi?*
J.E.E.: Sì, naturalmente. E andai a vederli giocare, tirare di boxe, nuotare. Però fu ancora più triste che nessuno della delegazione, o un privato, mi si sia avvicinato. Credo modestamente che, con le mie bandiere di tutto il mondo, la gente abbia conosciuto il Perù un poco meglio. Ma preferisco non continuare con questo argomento, perché mi commuovo sempre stupidamente quando si parla del sottosviluppo della mia amata terra.
M.F.: *Hai nuovi progetti? Quali?*
J.E.E.: Oh, sarebbe molto lungo parlare dei miei progetti! Per il momento, e questi non sono progetti, farò quattro mostre a Milano quest'inverno, più un intervento pubblico nella metropolitana di questa città. Poi tornerò in Germania eccetera.

M.F.: *Per cui adesso per te la letteratura è soltanto il passato?*
J.E.E.: Sì. Ma ripeto: si tratta solo del mio passato. E solo della parola *letteratura* come la intendo anche in relazione alla parola *pittura*. A parte questo – e questa stessa intervista è fatta di parole, che saranno stampate – credo enormemente nel potere della parola non alienata. Il difficile è recuperare la sua verità primordiale. Prima della fusione dei mass-media e delle velocissime comunicazioni del mondo attuale, Lev Trockij assicurava che "la parola umana era il materiale più facilmente trasportabile". Non si sbagliava. A condizione che riusciamo a farne, di nuovo, un materiale esplosivo.

Capogrossi: pittore delle mutazioni[5]

Della pittura rimane in realtà poco, molto poco, nel sillabario paleolitico inventato da Capogrossi. Si direbbe che a forza di consolidare le forze astratte – che influenzano la pittura di tutti i tempi – Capogrossi abbia creato un universo cifrato di segni che non significano più niente e che significano tutto; che si esauriscono con il passare di ogni minuto, come le allucinazioni o le immagini di un balletto ordinato e disordinato secondo ritmi umani e divini che nessuno è capace di evitare né di fissare definitivamente.
La pittura è una presenza inventata, con sete di permanenza. La pittura, prima di tutto, come il logos, è materia determinata, forma che trascende. L'alfabeto di Capogrossi è invece una continuità, un formicaio infaticabile che a volte imita il pentagramma e generalmente racchiude una mistica potente, una corrente calda e mutevole come la vita, come le acque di Eraclito che trascinano con sé il ricordo dei nostri piaceri e delle nostre sventure.

those few days. Everything, the ultramodern and perfect sports facilities, the quality of the events, the technical deployment that was second to none, the politeness of the Munich people and even the bright sun and the beauty of the vast Olympic Park, with its gentle green hills and lush gardens, everything contributed to this result. I had to accept a very real, daily 'immersion of crowds' as I knotted my flags. At around 9 pm, I would go to bed exhausted but happy with the opinions that my flags were prompting in favour of planetary unity and the abolition of all borders, that is, of the flag itself. It was a beautiful experience. That is, until the tragic morning of 5 September, which felt like being stabbed in the back. It was a day of sadness and tension like none I had ever seen. Silence, inhuman silence, was all that surrounded me. Nobody, let alone the participating artists, dared to defend or accuse the Fedayeen. The despair of a people who had been robbed became apparent at the great Olympic celebration and almost put us to shame. But we could not justify such an act, on such an occasion. We felt the drama of a people and the useless holocaust of so many human lives all too deeply to continue our participation. We decided to cease all activity on the Spielstrasse, even if the sporting events continued at the stadiums, as indeed they did. Nonetheless, I had managed to knot a good number of flags and compiled a not inconsiderable volume of documentation on the act, with colour film footage for German, English and American television, colour photographs, colour slides, and most importantly, some posters that I put up for the public to express their opinions. Today, these are truly spontaneous documents, written in every language, that are worthy of socio-psychological study. All this material will be exhibited in several museums in Germany over the next season. The final ceremony for which I had planned musical simultaneity with Paris, Stuttgart, Rome, Mexico, New York, Tokyo and Santiago, sadly did not take place because it was scheduled for l0 September. The concert was performed only partially; I will perform it in full at another time. It was a shame, because the flags knotted in a circle in an amphitheatre measuring 50 metres in diameter, in front of the crowd and with Stockhausen's music, would have been quite a spectacle. Especially when I set fire to it at night, as planned. What meaning would that ring of fire have taken on in that location, especially after such tragedy!

M.F.: *It must have been a truly extraordinary experience. I imagine that, apart from the written opinions, you had a lot of verbal ones. What did the Peruvians say to you, and the other Latin Americans?*
J.E.E.: Indeed, there were thousands. I had all kinds of opinions although the majority were in favour of the unity of peoples, even if it was just a utopia. I did not see a single Peruvian; just a few South Americans who probably did not take me seriously,

M.F.: *Did Peru not take part in the Olympics?*
J.E.E.: Of course. I saw them play, box and swim. But the saddest thing of all was that no Peruvians from the delegation or private individuals approached me. It is my humble opinion that, with my flags from around the world, people learned a little more about Peru. But I'd rather not talk about this anymore because I am always stupidly brought to tears when I talk about the underdevelopment of my beloved country.

M.F.: *Do you have any new projects? What are they?*
J.E.E.: Oh, we would be here all day talking about my projects! Soon — and these are not projects — I will be doing four exhibitions in Milan this winter, and a public intervention in the city's metro. Then I will go back to Germany, etc.
M.F.: *So literature is in the past for you?*
J.E.E.: Yes. But let me say this again, it is only my past. And it is only the word *literature* as I understand it, as with the word *painting*. Having said this — and our same interview is made up of words that will be printed — I believe in the power of the unalienated word. The difficult part lies in recovering its original truth. Before the merger of the mass media and super-fast communications of the modern world, Leon Trotsky claimed, 'the human word is the most portable of all materials'. And he was not wrong. Provided that we can turn it back into an explosive material.

Capogrossi: pintor de las mutaciones (Capogrossi: Painter of Mutations)[5]

Little, very little, in fact, remains of painting in the Palaeolithic syllabary invented by Capogrossi. One might say that, by dint of consolidating abstract forces — which have inspired painting over the centuries — Capogrossi has created an encrypted universe of signs that have no meaning anymore and mean everything at once; they are exhausted with each passing minute, like hallucinations or the images of a ballet ordered and disordered according to human and divine rhythms that no person is capable of avoiding or fixing forever.
Painting is an invented presence, with a thirst for permanence. Painting, above all, as the Logos, is determinate matter, a transcendental form. Capogrossi's alphabet, however, is a continuity, a perpetual itch that sometimes imitates the staff and generally conceals a powerful mysticism, a warm and mutable current such as life, such as the waters of Heraclitus dragging along with them the memory of our pleasures and our misfortunes.
It is precisely this sense of time, transmuted into rhythm, into geometric, multi-faceted and rarely symmetrical groupings, rapid and precise like semi-quavers, like a crazed army of sharps and flats, silences and pauses, like an ever changing cryptographic canvas, moving through the centuries in a thousand variations from stone etchings, shadow play and inkblots to the detailed analysis of the magical fabric of the universe and the formation of new galaxies in the multi-dimensional space of the human soul; it is precisely this long, rhythmic series that stirs in us the gamut of feelings, depending on the location of the visible elements on the canvas.
But how and where should we locate those other invisible elements of the poem, those elements that truly constitute the stirring backdrop of Capogrossi's painting, that radiant source whose purest external data fail to form even a script but simply an accumulation of digits or letters in a nascent state, like the ever primitive, euphoric and babbling language of love?

È proprio questo sentimento del tempo, tramutato in ritmo, in raggruppamenti geometrici, poliedrici, rare volte simmetrici, rapidi e precisi come semicrome, come un esercito pazzo di sostenuti e bemolli, di silenzi e di pause, come una mutevole tela crittografica, che attraverserebbe i secoli in mille variazioni che vanno dalla stessa pietra incisa, le ombre cinesi, le macchie di colore, fino alla minuziosa analisi del tessuto magico dell'universo e alla formazione di nuove galassie nello spazio multidimensionale dell'anima umana, è proprio questa lunga serie ritmica che risveglia in noi tutta una gamma di sentimenti diversi, a seconda della posizione degli elementi visibili sulla tela.

Ma come e dove collocare invece quegli altri elementi invisibili della poesia, quelli che costituiscono veramente lo sfondo commovente della pittura di Capogrossi, quella fonte luminosa i cui dati esterni più puri non riescono a determinare altra scrittura che un cumulo di cifre o di lettere allo stato nascente, come il linguaggio sempre primordiale, euforico e balbuziente degli innamorati?

Lo stesso Capogrossi non potrebbe dircelo. Soprattutto quando del romano, autodidatta, un tempo figurativo Capogrossi, non rimane ora nulla se non un po' come un musicista solitario, volontariamente frugale e liberissimo, che decifra gli eterni misteri della creazione e del cuore umano sulle pareti di una caverna immemore e delicata come la vita.

"La continuità della mia pittura", dice lui, "non è altro che il riflesso di una vita tramutata in segni, in variazioni infinite come infiniti sono gli stati dell'anima umana".

"Ma attraverso quale strada ha scoperto che proprio questi segni erano i più adeguati per riflettere le mutazioni, i miraggi, le metamorfosi della vita?"

"Attraverso la strada della pittura, indubbiamente. O di una determinata forma, per essere più preciso, che per me racchiude e riflette alla perfezione le possibilità espressive del mio spirito. Indicazione del subcosciente e del cuore e dominio della volontà, si uniscono indissolubilmente con loro dando vita a un linguaggio che mi permette di trascrivere le mie verità più pure."

"Quindi per lei la pittura è un mezzo di espressione fluente come la musica o la poesia, in cui lo spazio non è altro che un ricettacolo imprescindibile, una dimensione incidentale senza una vera funzione interiore?"

"In effetti."

Capogrossi parla poco. Grande e corpulento, si muove con lentezza nel suo ampio studio pieno di tele bianche, di pennelli e di barattoli di vernice, sempre sonnolento, come un bambino ben nutrito, attento tuttavia alle proposte più intricate dello spirito creativo. In realtà, sotto l'aspetto del ragazzetto insoddisfatto e insicuro di sé, si nasconde un'intelligenza quasi logaritmica, profondamente ritmica e – non soltanto per continuare la rima – irrimediabilmente ipnica.

Non è per caso e neanche per nessuna logica umana che le sue tele cantano a pieni polmoni la meraviglia della vita, lo stesso corale della crescita, della trasmutazione e della morte delle forme visibili, lo splendore di un'altissima e primordiale liturgia pre e post-storica, il cui bianco e nero si anima ogni tanto con un fiotto di sole di cadmio, con un riflesso di cobalto serenissimo, con una macchia del nostro primo e dolce verde terrestre.

È tutto quello che rimane – la cosa più definitiva e sicura del nostro pianeta – nella scrittura polifonica, nella poesia paradossalmente matematica e balbuziente di Capogrossi.

Ma tutto questo, ben inteso, senza scivolare nel simbolico, senza cooperare minimamente con le forze involontarie della nostra memoria, delle nostre prime luci ancestrali o del nostro sonno caotico e tenebroso. Nel sogno di Capogrossi i simboli non sono altro che elementi, originali e autonomi nella propria, assoluta, unica sostanza. Non ci sono cieli azzurri, boschi verdi o luci dorate, bensì colori, ritmi, frasi scritte con gli occhi e con l'anima per gli occhi e l'anima degli uomini.

Perché nella pittura di Capogrossi non c'è allusione, non c'è mascherata possibile, non ci sono convenzioni né vestiti di gala superflui, ma la nudità di un'arte che proclama, giorno dopo giorno, la solennità e la magia degli accadimenti umani e naturali, l'inevitabile potenza e freschezza delle forze creative della nostra specie. E non c'è alcuna maschera né convenzione pittorica possibile che resista a una tale espansione dello spirito e della vita.

Roma, primavera 1955

[1] Testo di presentazione incluso nel catalogo della mostra "Jorge Eielson" allestita a Lima, presso la Galería de Arte Enrique Camino Brent, dal 29 novembre al 20 dicembre 1977.

[2] Questo testo, originariamente pubblicato in francese, è apparso (senza numero di pagina) nel catalogo *Jorge Eduardo Eielson: Chemises: Noeuds: Cordes: Toiles tendues: Pirámides de Chiffons: Drapeaux*, Galerie Arditti, Paris 1972.

[3] Questo testo, pubblicato originariamente in francese, è apparso (senza numero di pagina) nel catalogo *Jorge Eduardo Eielson: Chemises: Nœuds: Cordes: Toiles tendues: Pyramides de Chiffons: Drapeaux*, Galerie Arditti, Paris 1972. Segue il testo, anch'esso incluso in questo volume, *Parigi, ottobre 1968*. I titoli attuali di entrambi sono stati assegnati nella pubblicazione *Ceremonia comentada. Textos sobre arte, estetica y cultura 1946-2005*, a cura e con introduzione, cronologia e note di Luis Rebaza Soraluz, Istituto Francés de Estudios Andinos IFEA – Fondo Editorial del Congreso del Perú – Museo de Arte de Lima, Lima 2010.

[4] Intervista pubblicata sulla rivista "Caretas" (Lima, 1972).

[5] Pubblicato sul supplemento *Dominical* del quotidiano "El Comercio" (Lima, 4 settembre 1955).

Even Capogrossi himself could not tell us. Especially when there is nothing left of the self-taught, once figurative Roman Capogrossi; he has become something akin to a voluntarily free and frugal solitary musician, deciphering the eternal mysteries of creation and the human heart on the walls of an immemorial cave as is life.

The continuity of my painting — he says — is merely a reflection of a life transmuted into signs, in infinite variations just as the states of the human soul are infinite.

– But what was the road that led you to discover that these were the most appropriate signs to reflect mutations, mirages, the metamorphoses of life?

– The path of painting, there is no doubt about it. Or, to be more precise, the path of a specific form that, for me, perfectly conceals and reflects the expressive possibilities of my spirit. Indication of the subconscious and the heart and the rule of will bind indissolubly in them to form a language that allows me to transcribe my purest truths.

– For you, then, is painting a fluid means of expression like music or poetry, where the space is but an essential receptacle, an accidental dimension without a true interior function?

– Exactly.

Capogrossi is a man of few words. Big and burly, he moves slowly in his large study filled with blank canvases, brushes and paint cans, always sluggish, like a well-fed child, yet attentive to the most intricate propositions of the creative spirit. In fact, beneath his outward appearance of an unsatisfied and insecure lad, there hides an almost logarithmic, deeply rhythmic and — not only to carry on the rhyme – irremediably *hypnic* intelligence.

It is not by chance or any human logic that his paintings sing out the wonders of life, the same choir of the growth of transmutation and death of the visible forms, the splendour of an exalted and primordial pre- and post-historical liturgy, whose black and white are occasionally enlivened by a jet of cadmium sun, by a most serene reflection of cobalt, or by a splash of our first and sweet earthly green. This is all that remains — the most certain and definitive part of our planet — in polyphonic writing, in the paradoxically mathematical and stuttering poetry of Capogrossi

Be clear, however, that all this is done without slipping into the symbolic, without cooperating in the slightest with the involuntary forces of our memory, with our earliest ancestral lights or our chaotic and shadowy hypnos. In Capogrossi's daydreaming, symbols are mere elements, original and autonomous in their own, absolute and unique substance. There are no blue skies, green forests or golden lights; instead, there are colours, rhythms, phrases written with eyes and soul for the eyes and souls of men.

Because in Capogrossi's painting, there are no allusions, no possible masquerade, no conventions or superfluous evening dresses; only the nakedness of an art that proclaims, day after day, the solemnity and magic of the human and natural existence, the inevitable potential and freshness of the creative forces of our species. And there is no mask or pictorial convention that can resist such an expansion of spirit and life.

Rome, Spring of 1955

[1] Presentation text included in the catalogue of the *Jorge Eielson* exhibition held at Enrique Camino Brent Art Gallery in Lima from 29 November to 20 December 1977.

[2] This text was originally published in French (without page numbering) in the catalogue *Jorge Eduardo Eielson: Chemises: Nœuds: Cordes: Toiles tendues: Pyramides de Chiffons: Drapeaux*, Paris: Galerie Arditti, 1972.

[3] This text was originally published in French (without page numbering) in the catalogue *Jorge Eduardo Eielson: Chemises: Nœuds: Cordes: Toiles tendues: Pyramides de Chiffons: Drapeaux*, Paris: Galerie Arditti, 1972. It follows the text included in this volume that I have entitled 'Paris, October 1968'. The current titles of both have been assigned in the publication *Ceremonia comentada. Textos sobre arte, estetica y cultura 1946–2005*, edited and with introduction, chronology and notes by Luis Rebaza Soraluz, Istituto Francés de Estudios Andinos IFEA – Fondo Editorial del Congreso del Perú – Lima: Museo de Arte de Lima, 2010.

[4] Interview published in *Caretas* magazine (Lima, 1972).

[5] Published in the *Dominical* supplement of *El Comercio* newspaper (Lima: 4 September 1955).

Works / Opere

Paesaggio del Peru, 1962
Mixed media on canvas / Tecnica mista su tela
109 x 129 cm
Private Collection, Italy

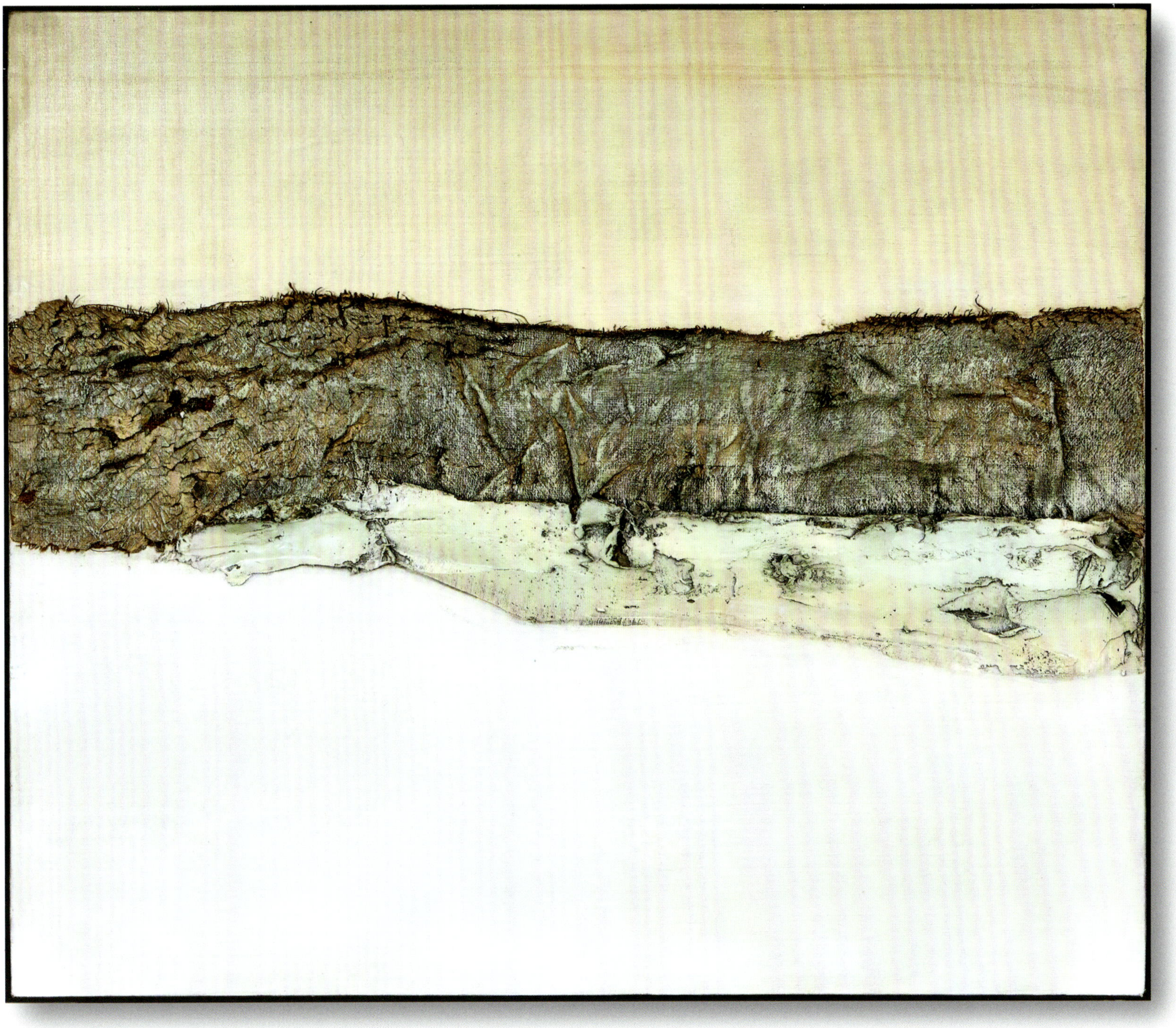

Composizione, 1962
Blue-jeans, burlap and mixed media on canvas / Blue-jeans, iuta e tecnica mista su tela
130 x 130 cm

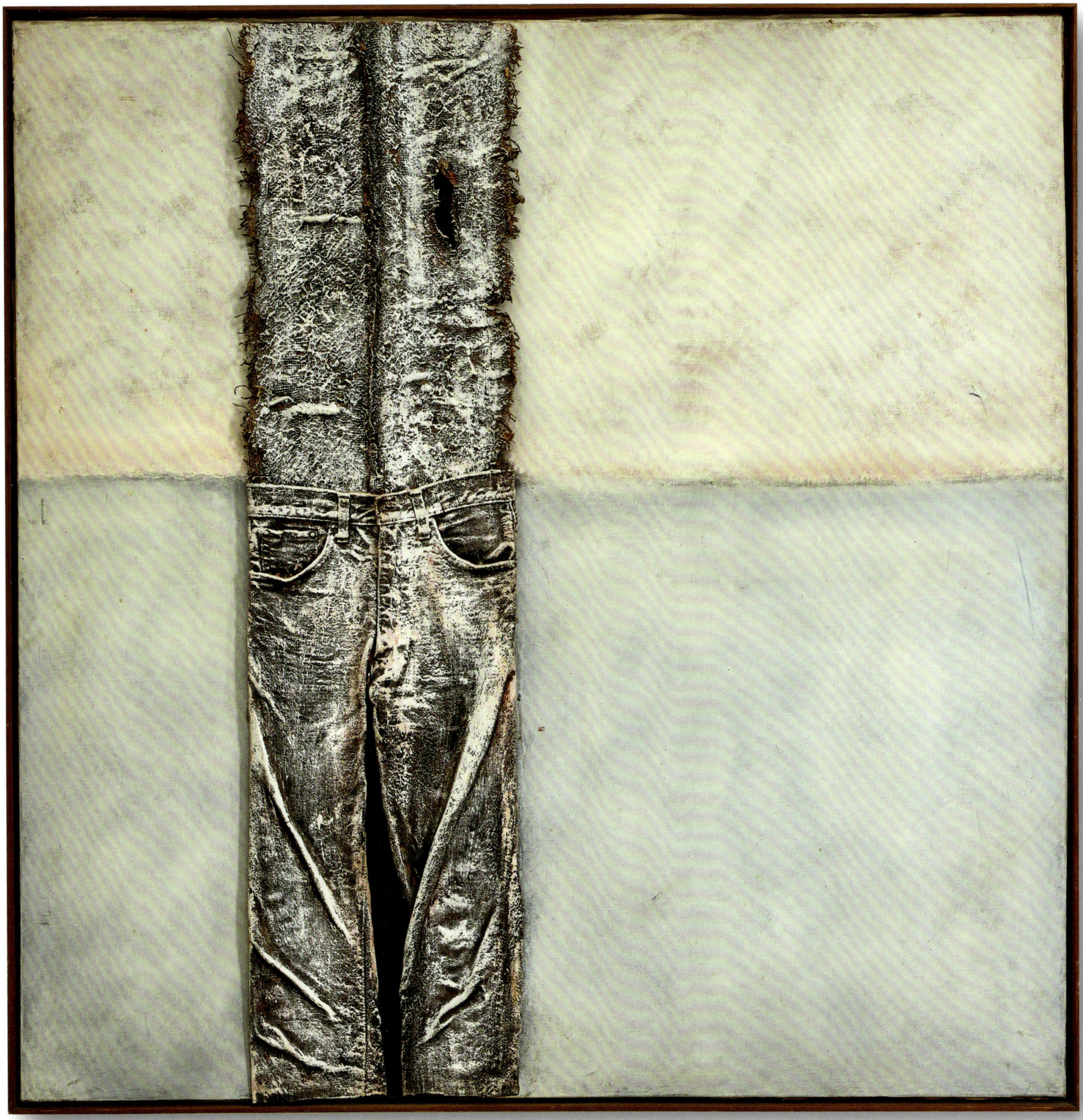

Quipus 33 T - 1, Rome 1966 - Paris 1971
Acrylic on burlap on board / Acrilico su iuta su tavola
160 x 96 x 21.5 cm

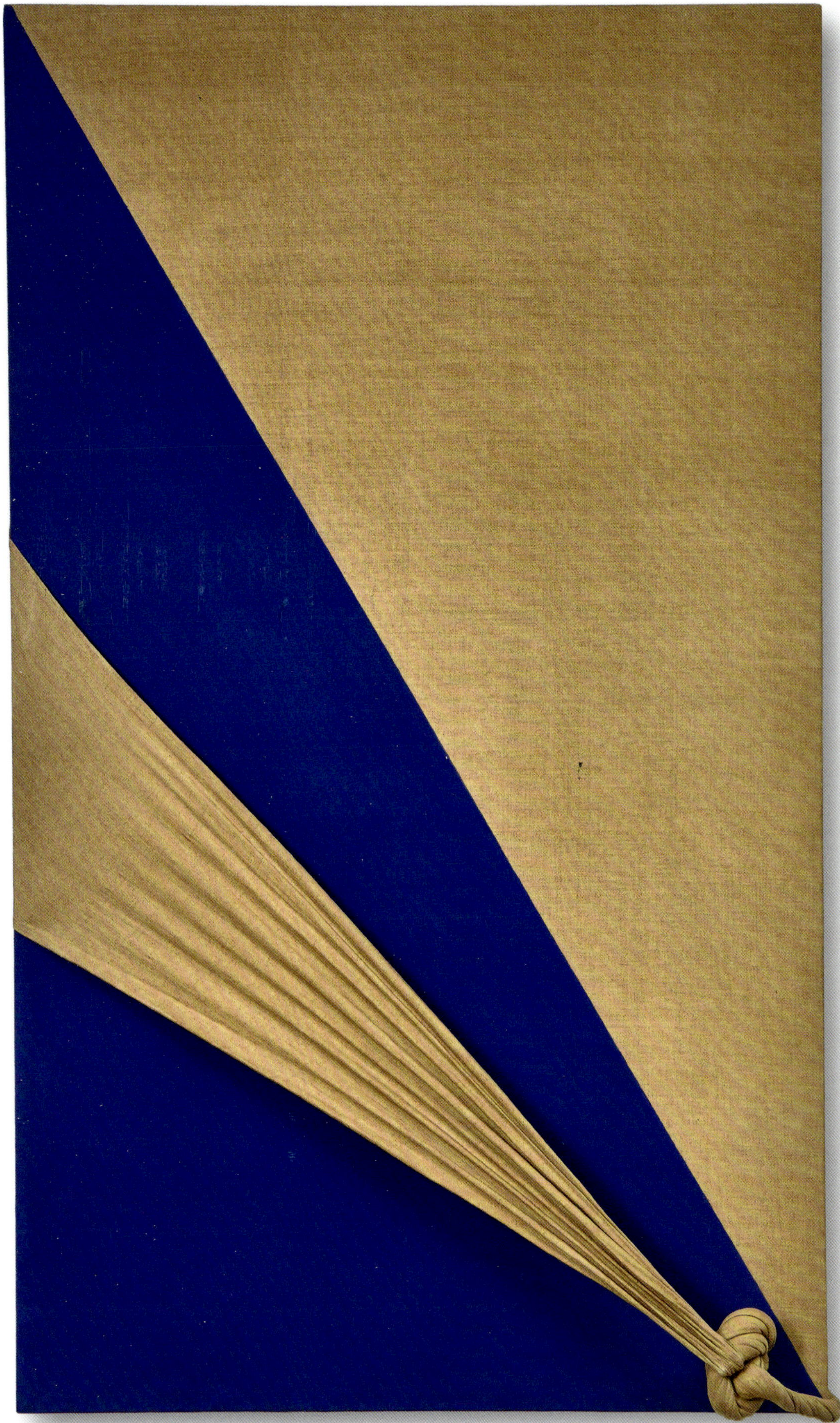

Quipus 41 B - 1, Rome 1966 - Paris 1972
Cotton fabric on board / Tessuto di cotone
su tavola
146 x 114 x 20 cm

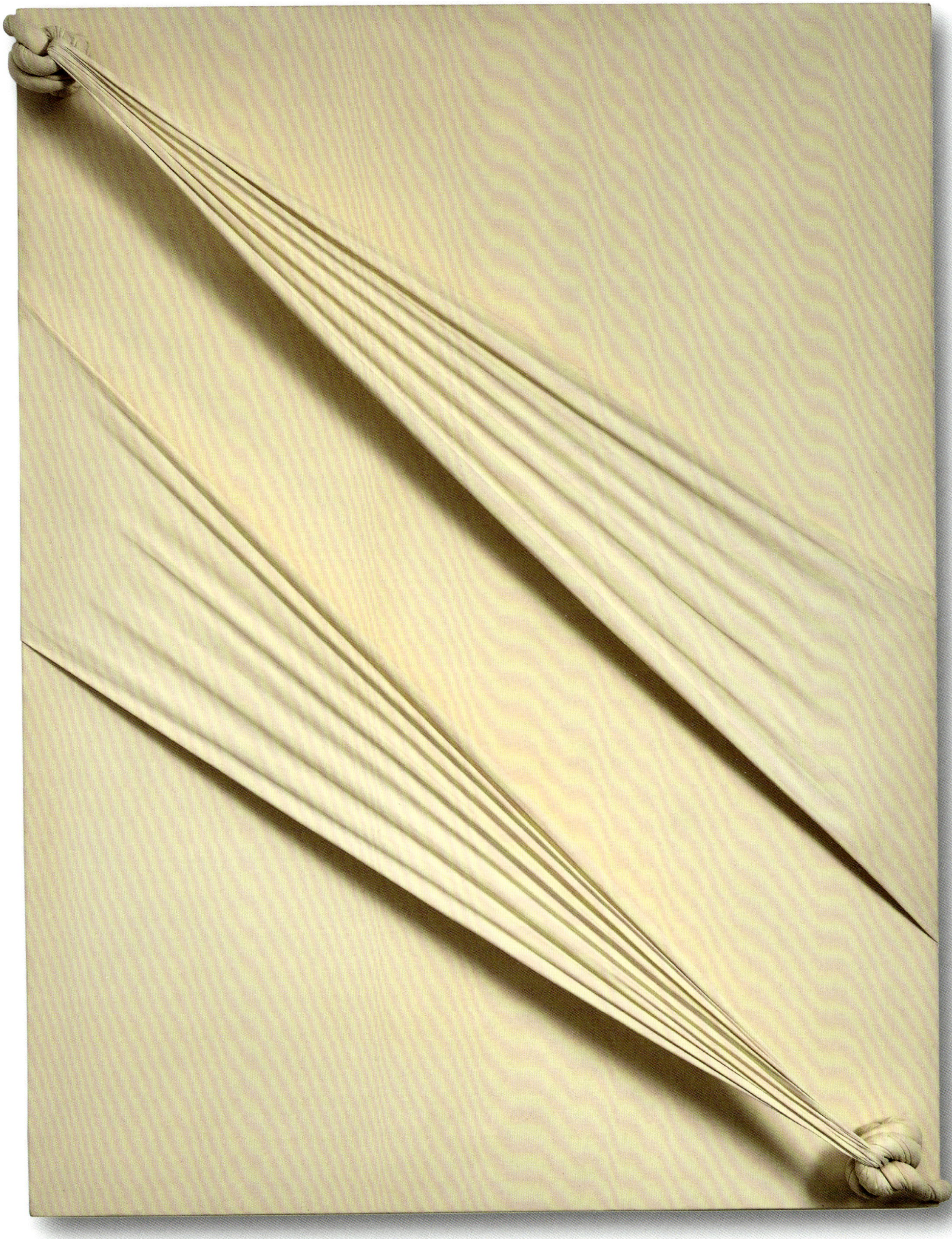

Quipus 28 B1, New York 1967 - Paris 1971
Acrylic on fabric on board / Acrilico su tela su tavola
102 x 102 x 22 cm

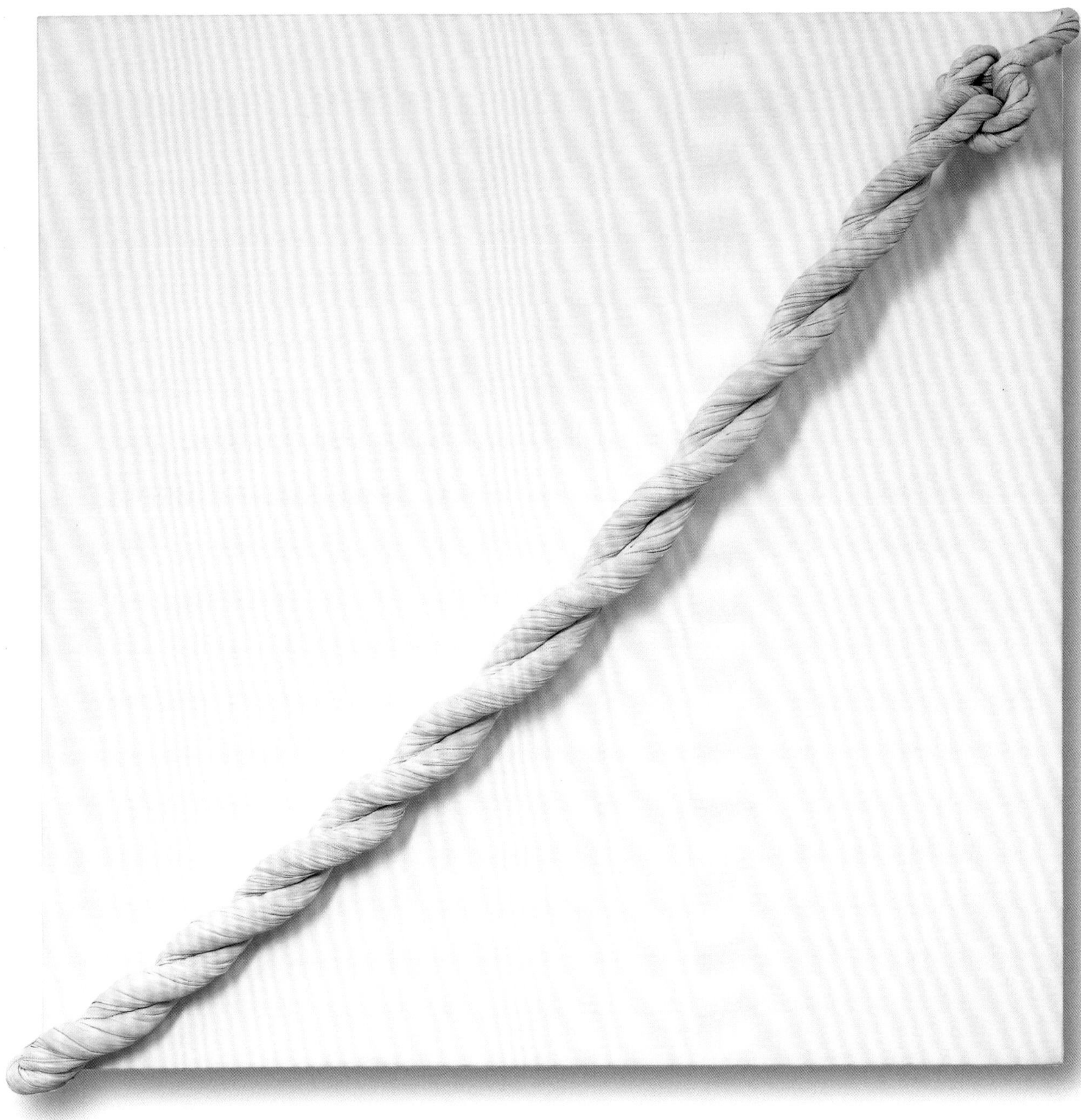

Quipus 36 T - 1, 1969
Acrylic and fabrics on jute on board /
Acrilico e tele su iuta su tavola
130 x 130 x 30 cm

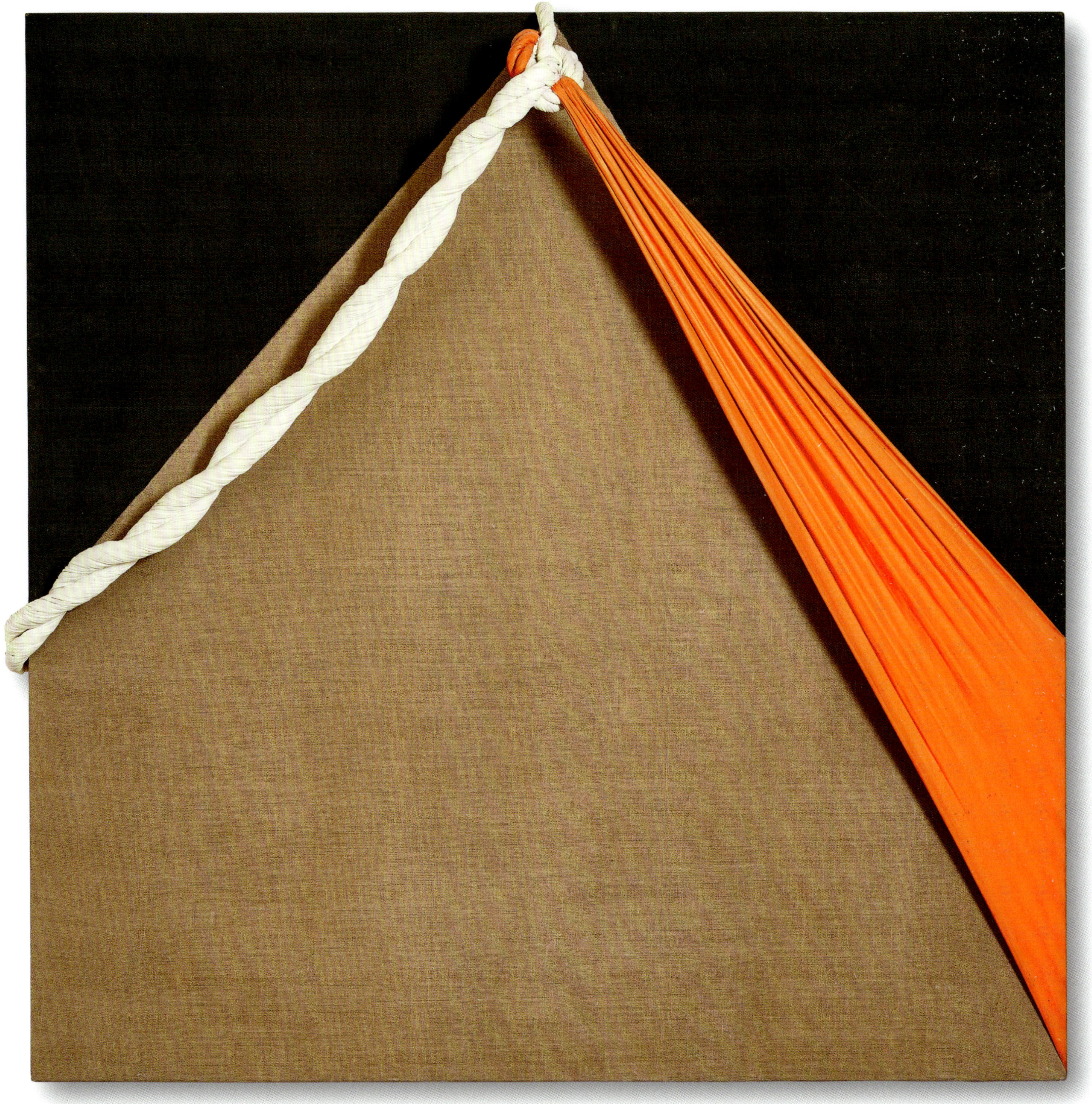

Quipus T1, 1973
Burlap and acrylic on painted wooden frame / Iuta e acrilico su cornice di legno dipinto
90 x 90 x 12 cm

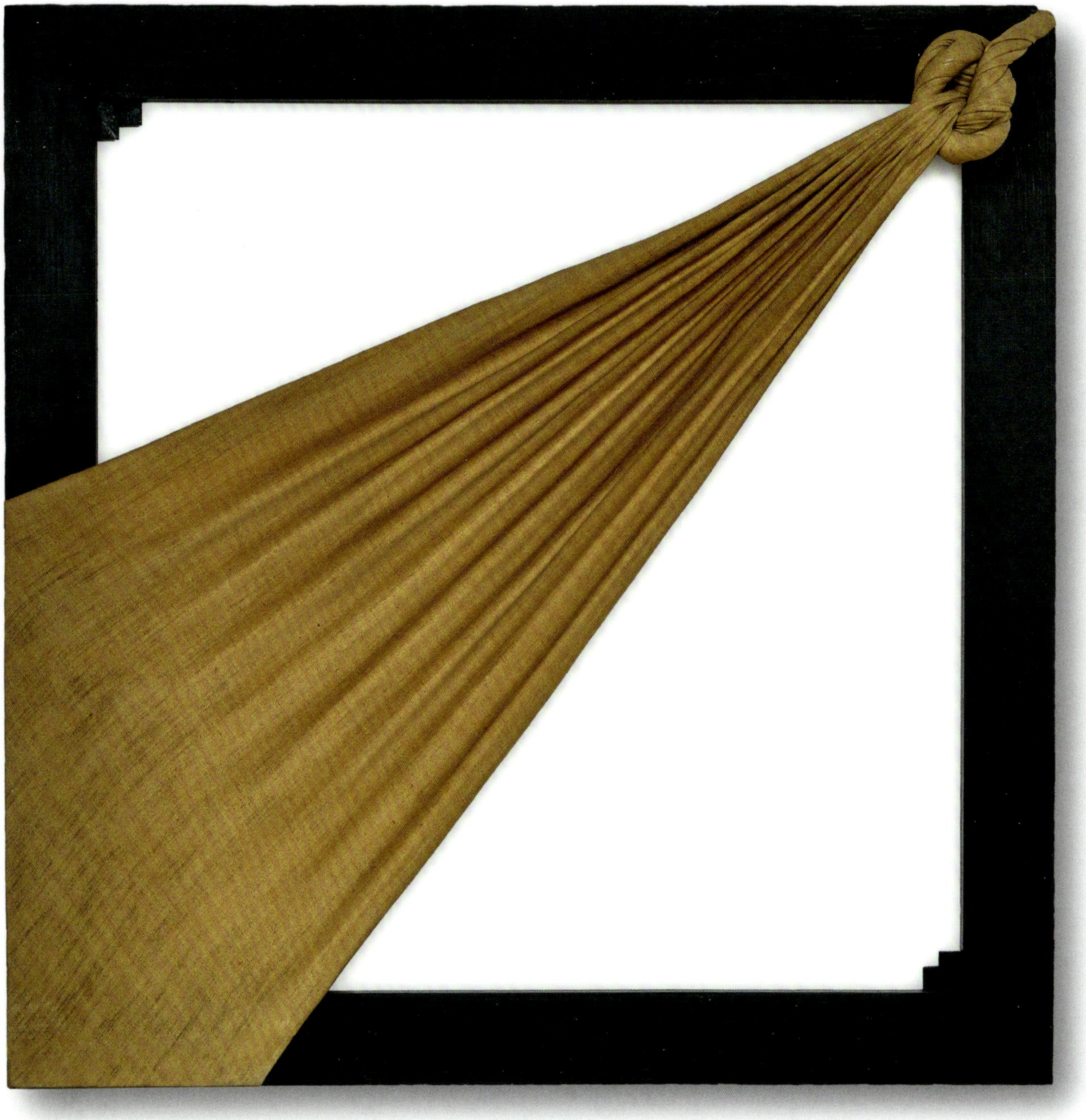

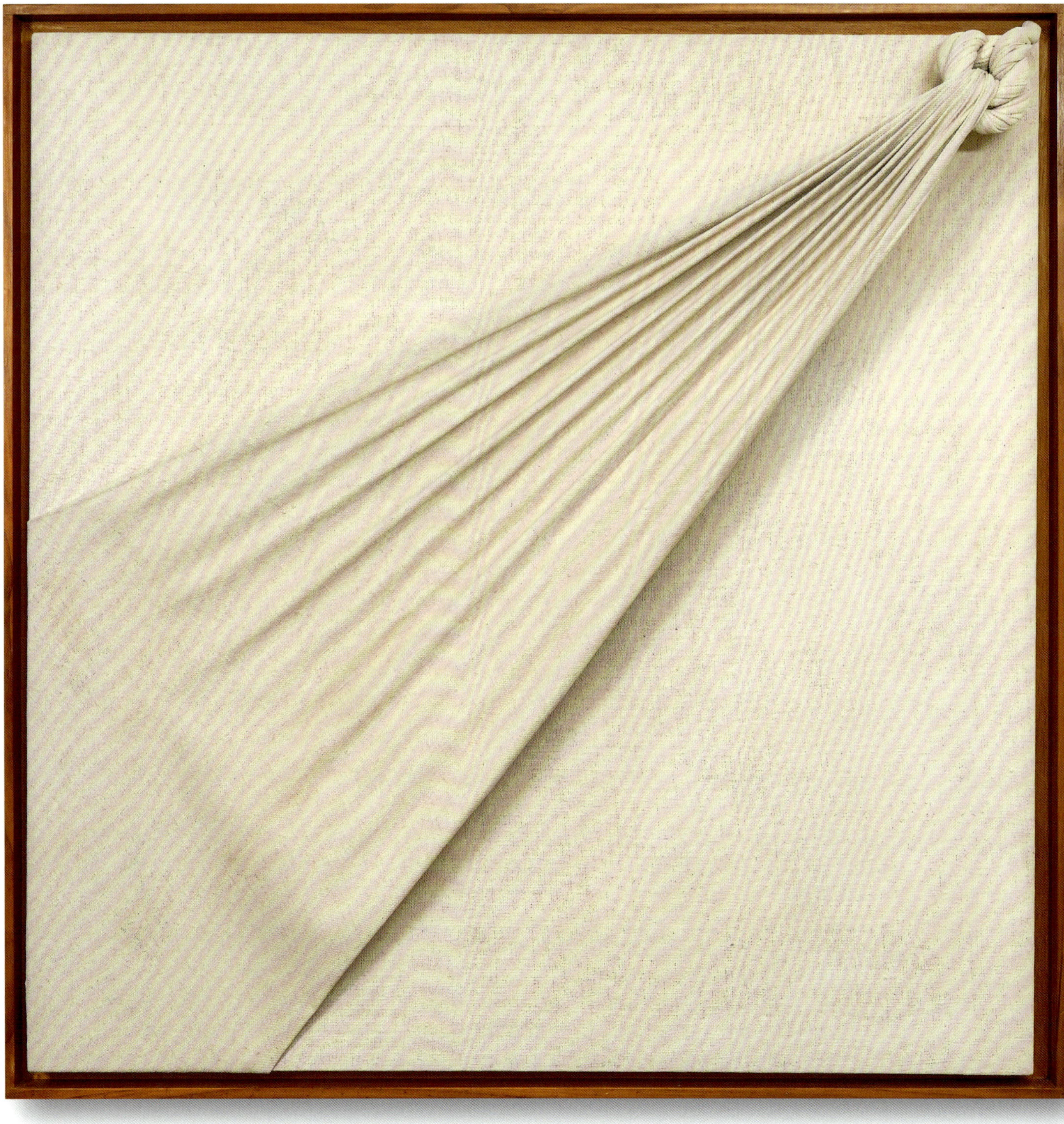

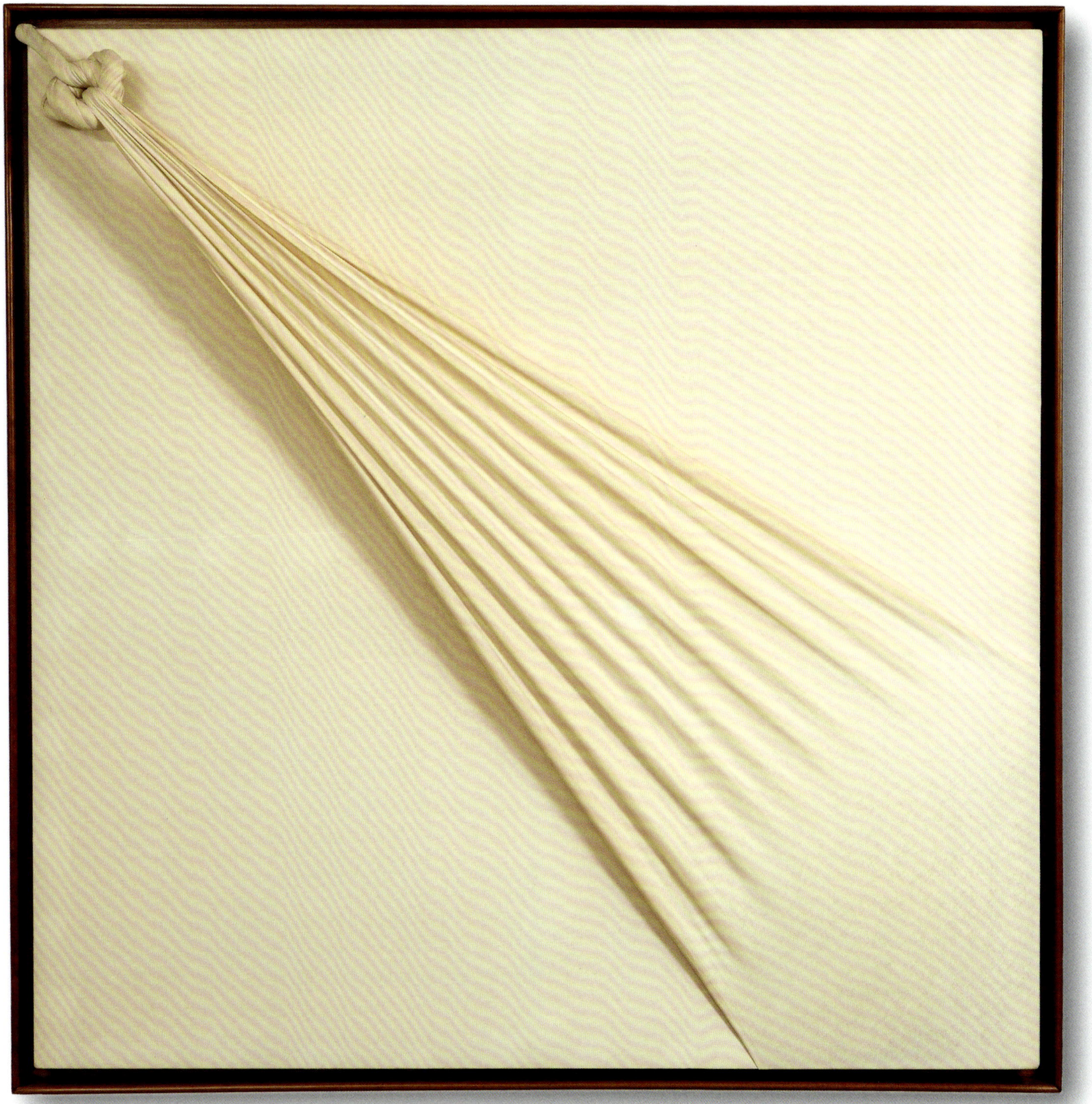

Quipus 60 A, 1974
Acrylic and canvas on board /
Acrilico e tela su tavola
110 x 110 x 20 cm

Quipus 53 B, 1982
Acrylic and canvas on board /
Acrilico e tela su tavola
124 x 124 x 21 cm
Private Collection, Italy

Poema Escultórico, 1979-1980
Installation of chair and objects /
Installazione di una sedia e oggetti
84 x 44 x 40 cm

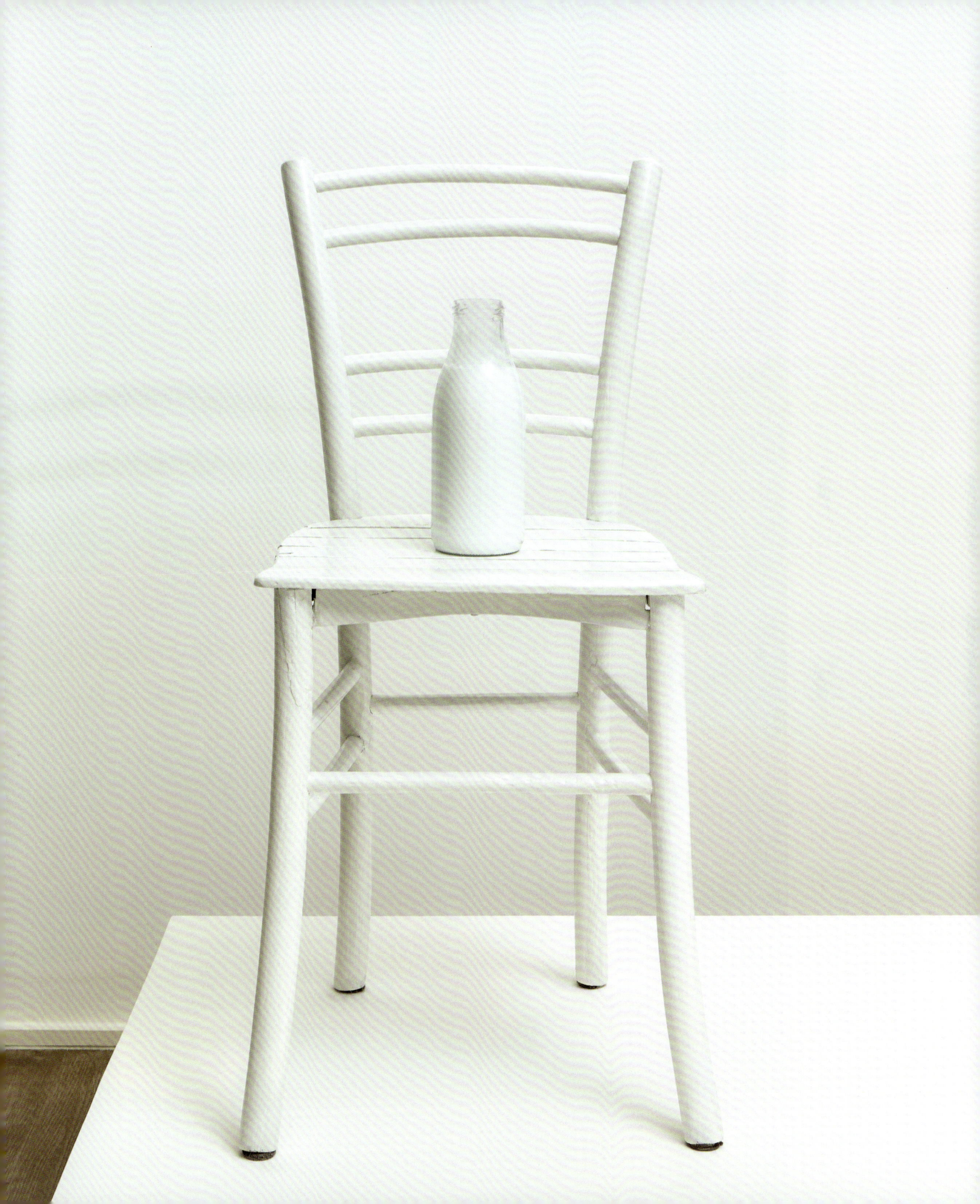

Nodo, 1988
Knotted gold fabric / Tela lamé dorata annodata
Ø 40 cm

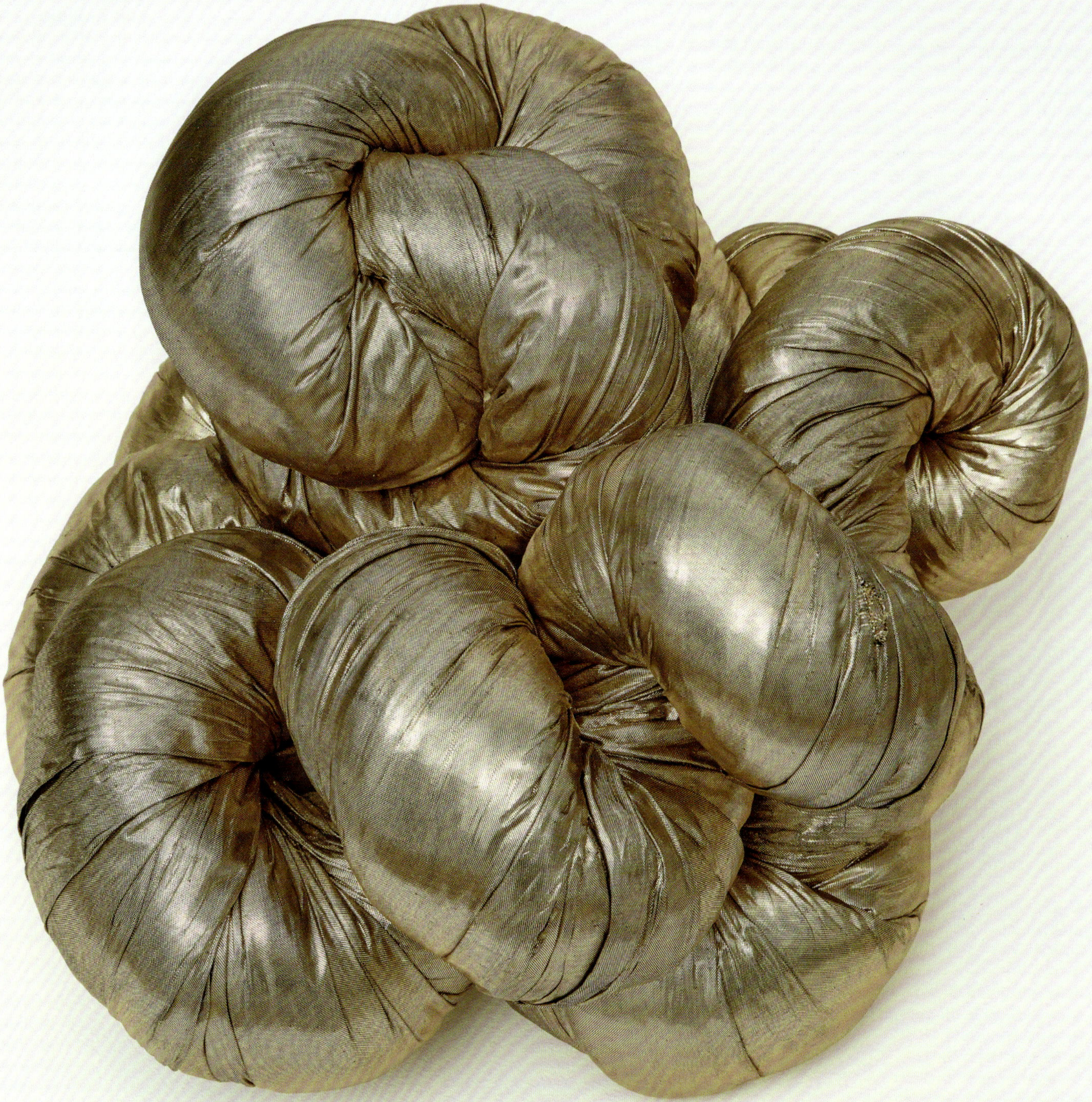

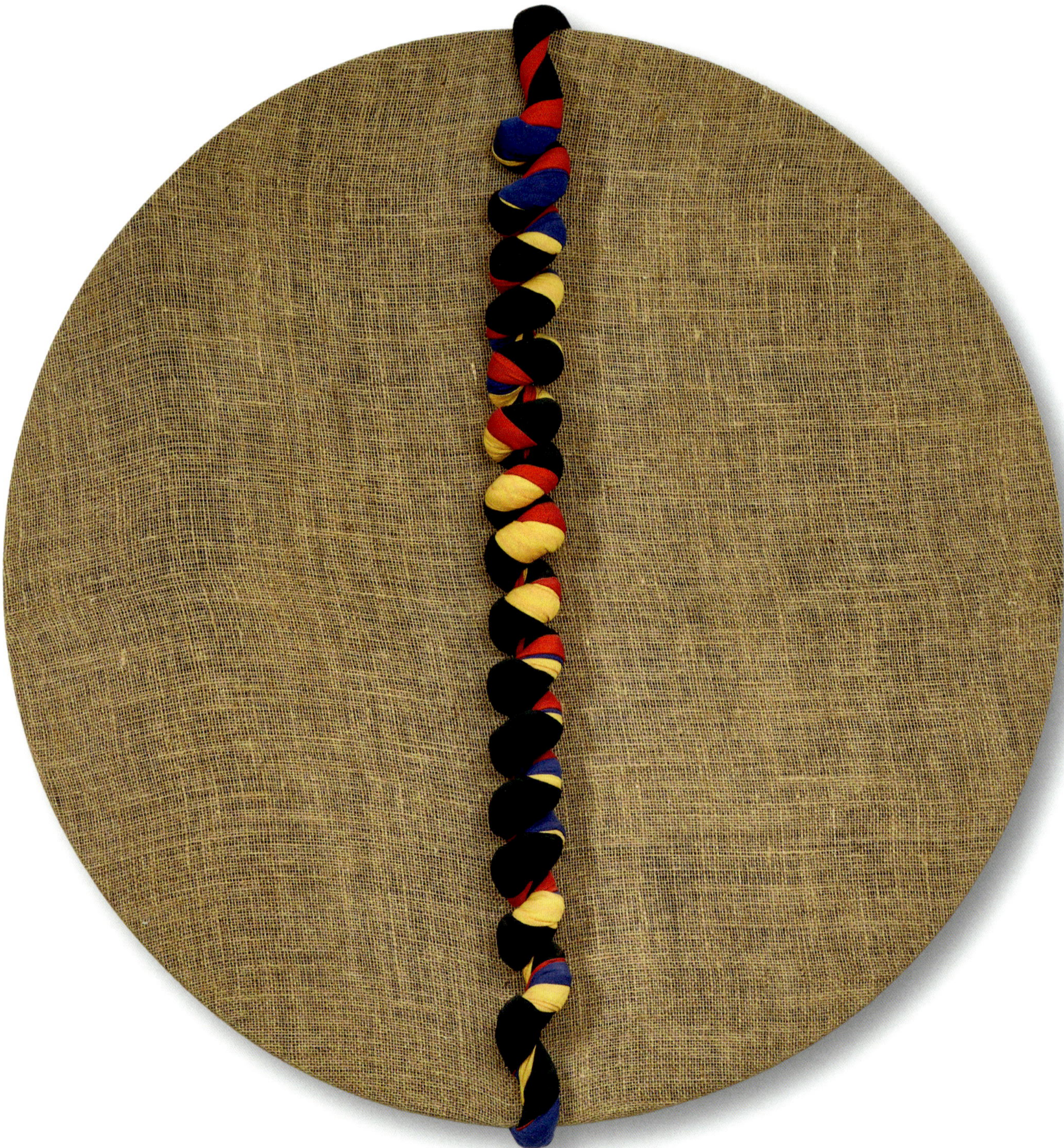

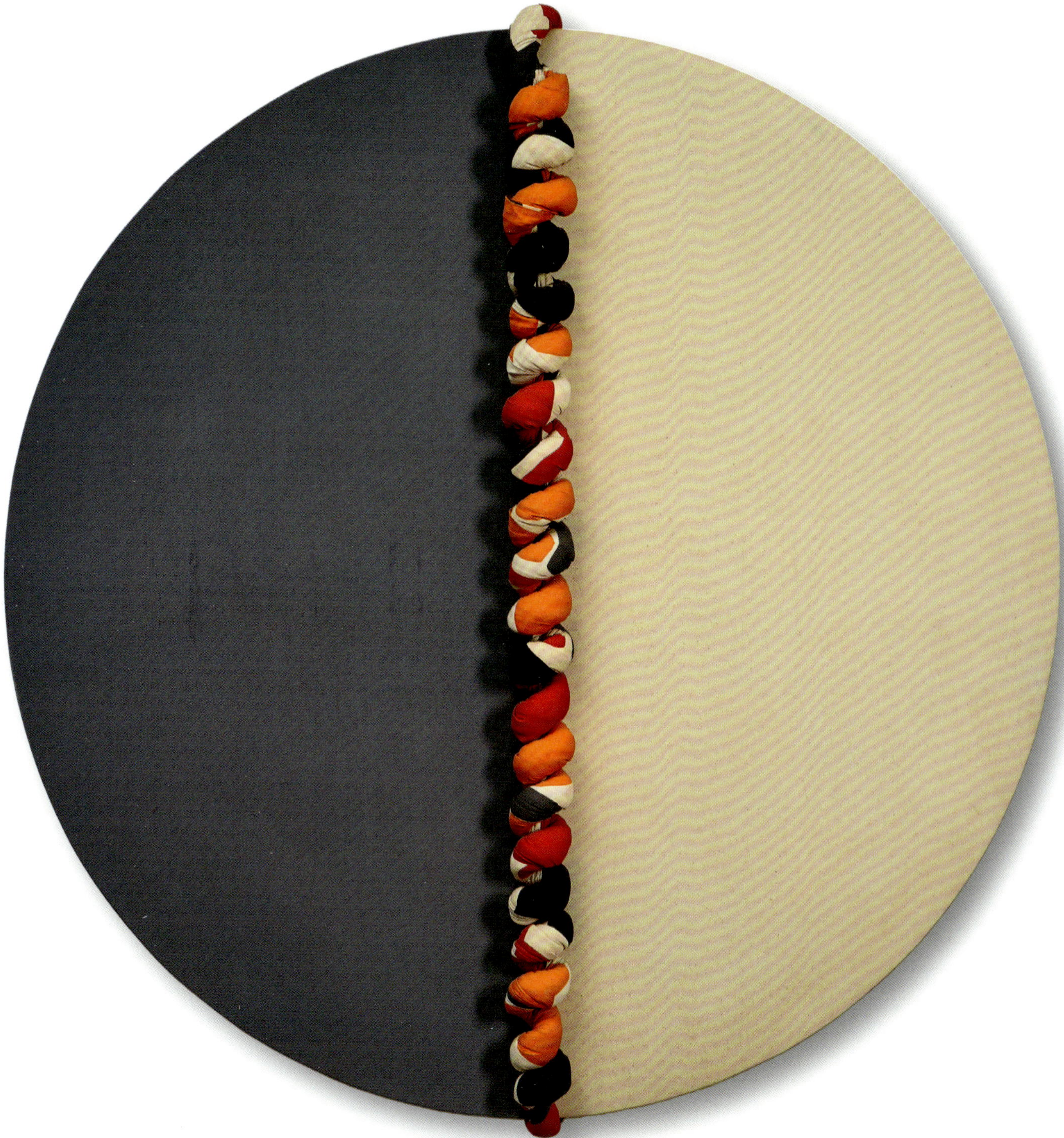

Amazzonia, circa 1990
Acrylic on burlap rough canvas /
Acrilico e tela iuta grezza
Ø 85 cm
Private Collection, Italy

Amazzonia, 1996
Acrylic and fabrics on board /
Acrilico e tele su tavola
Ø 110 cm

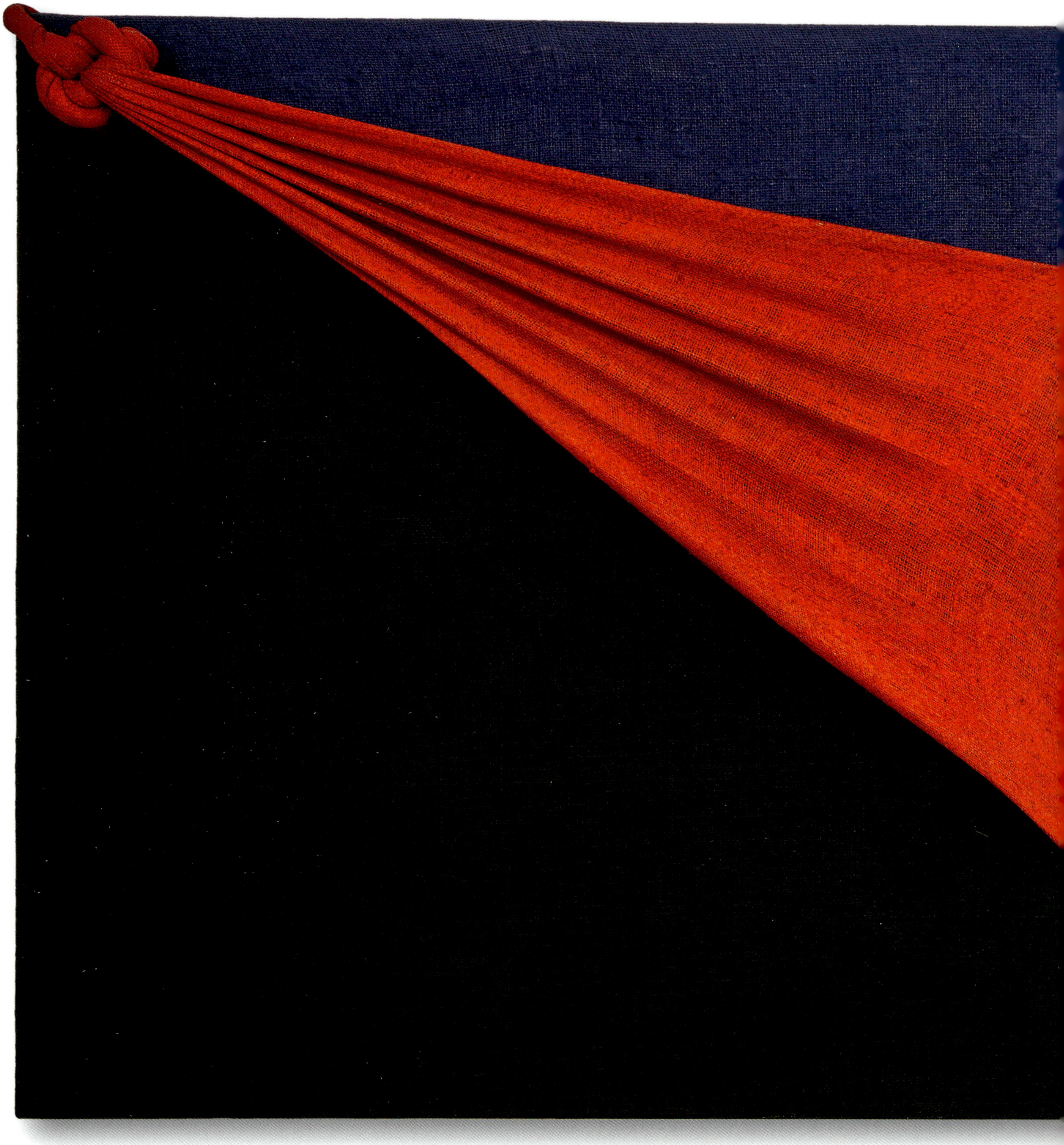

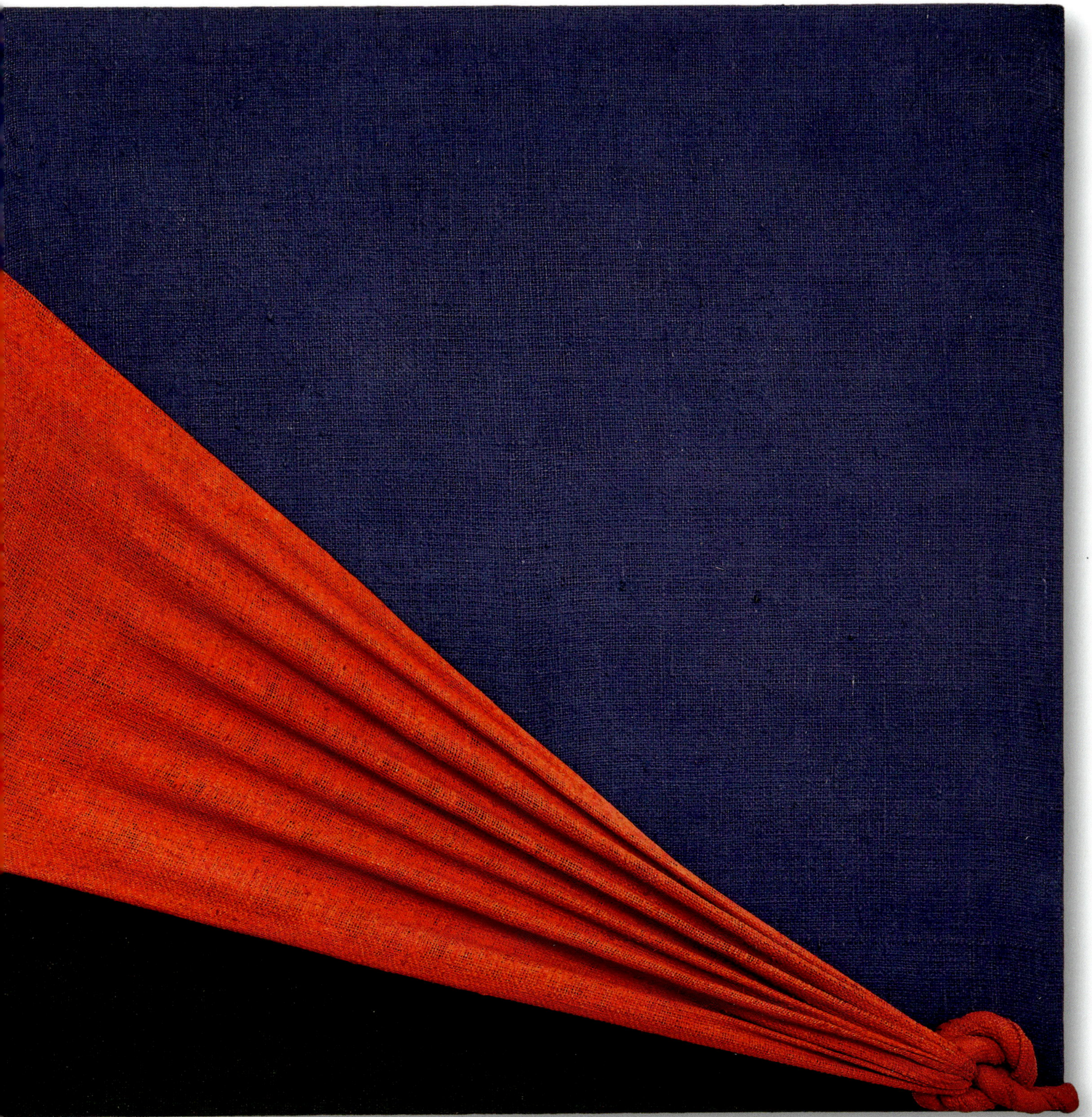

Quipus 65 R - 1, 1991
Acrylic and burlap on board, diptych /
Acrilico e tela iuta su telaio, dittico
each part / ogni parte: 90 x 90 x 15 cm
overall / totale: 90 x 180 x 15 cm

Amazzonia, 1999
Acrylic and fabric on board / Acrilico e tela su tavola
40 x 40 x 7 cm

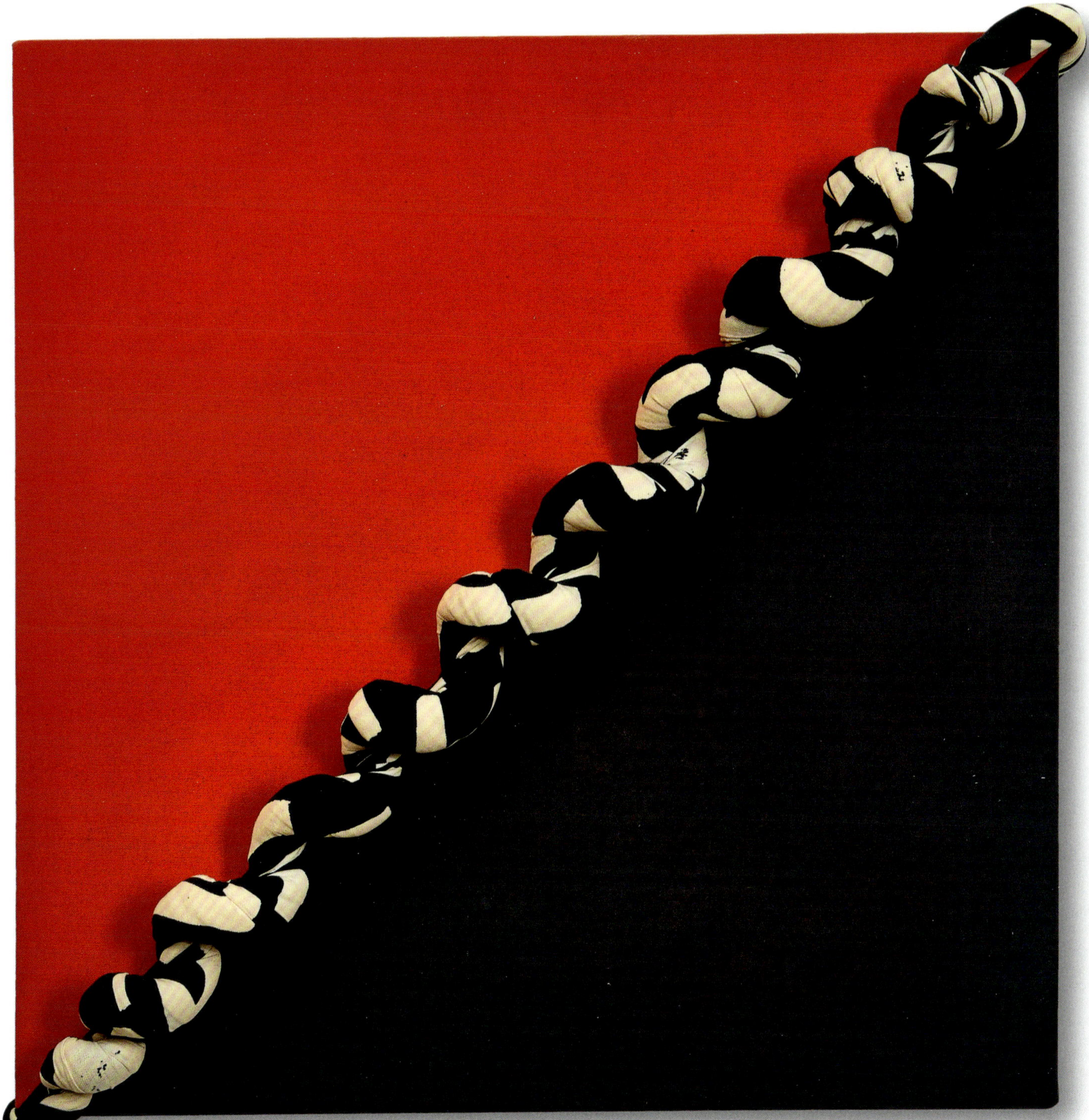

Bandiere, 2002
Knotted flags on jeans fabric on board /
Bandiere annodate e tessuto jeans su tavola
Ø 80 cm

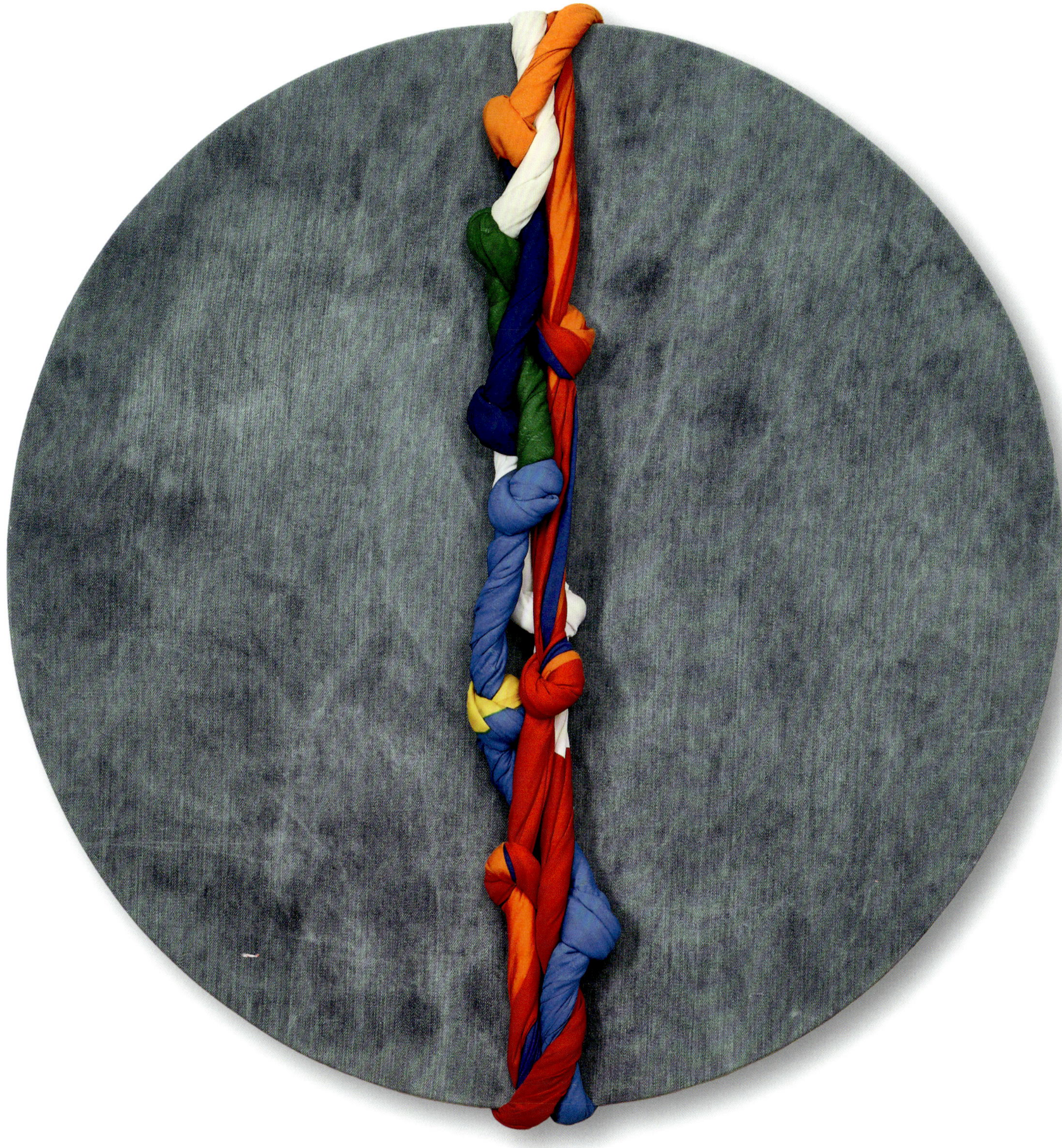

Giuseppe Capogrossi
Superficie 120, 1954
Tempera on paper laid on canvas /
Tempera su carta intelata
100 x 70 cm
Courtesy Galleria Tega, Italy

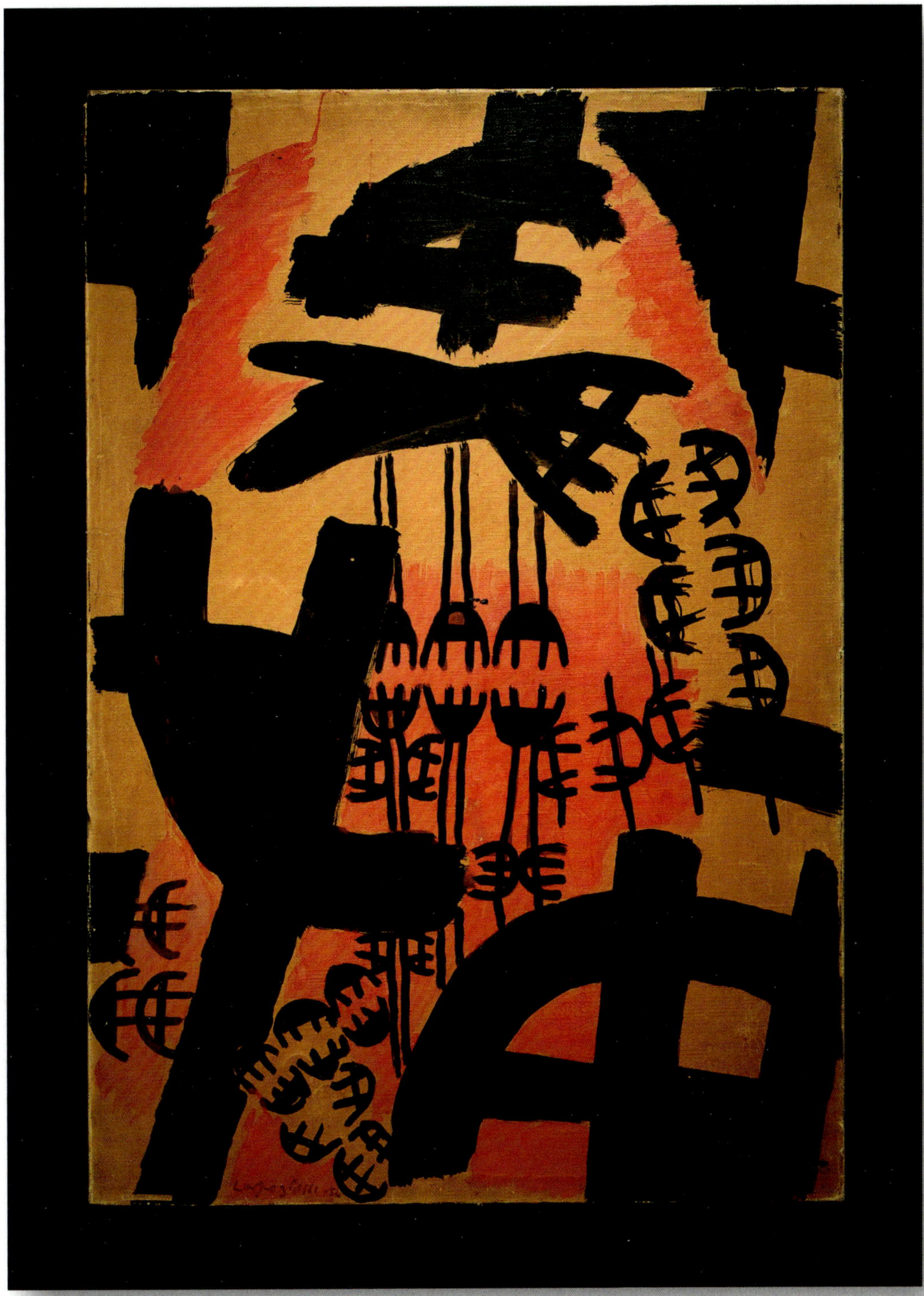

Enrico Castellani
Untitled (Superficie), 1961
Acrylic on canvas / Acrilico su tela
54,8 x 84.7 cm
Private Collection, United Kingdom

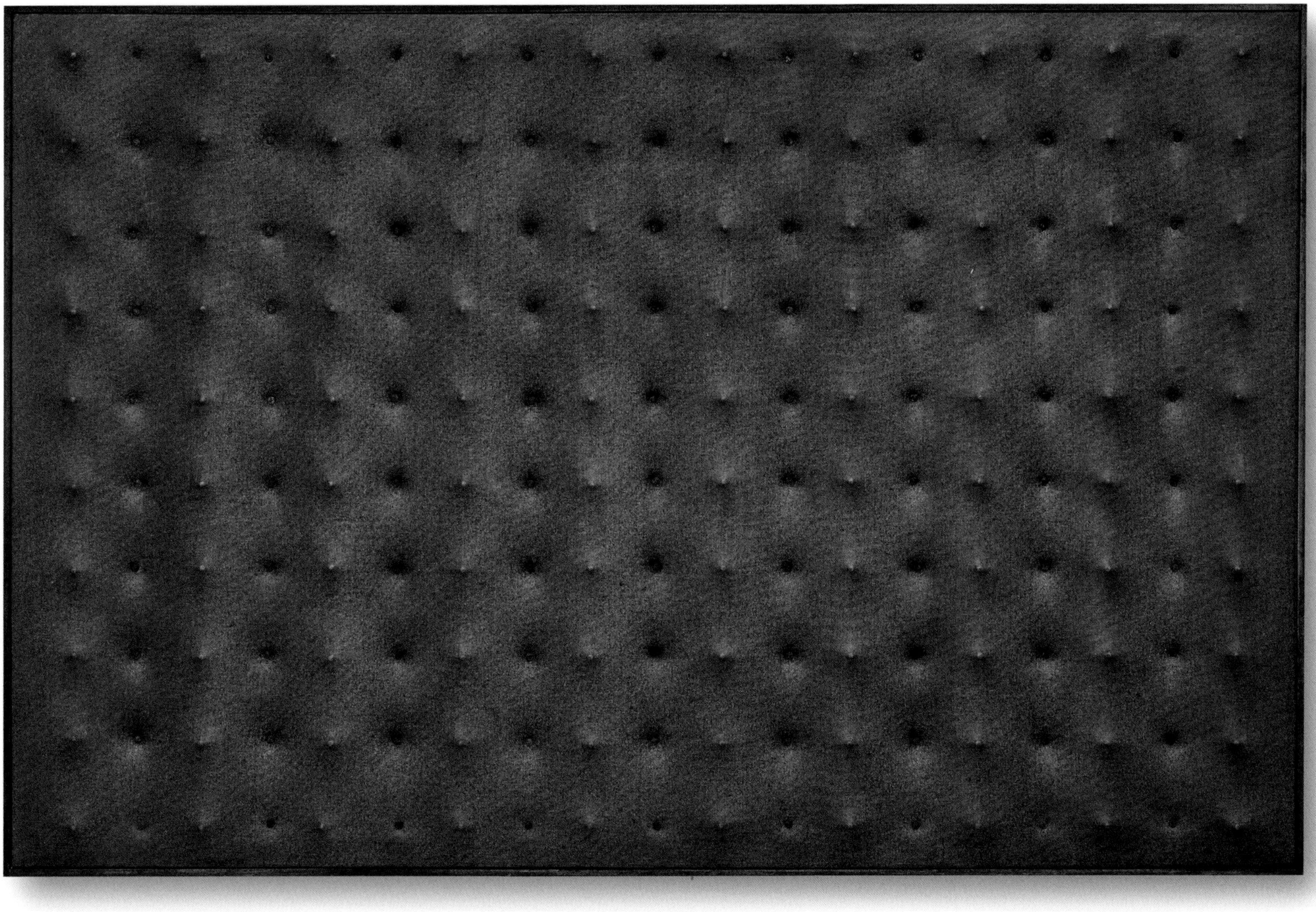

Agostino Bonalumi
Rosso, 1965-71
Shaped canvas and vinyl tempera / Tela estroflessa e tempera vinilica
100 x 80 x 3.5 cm

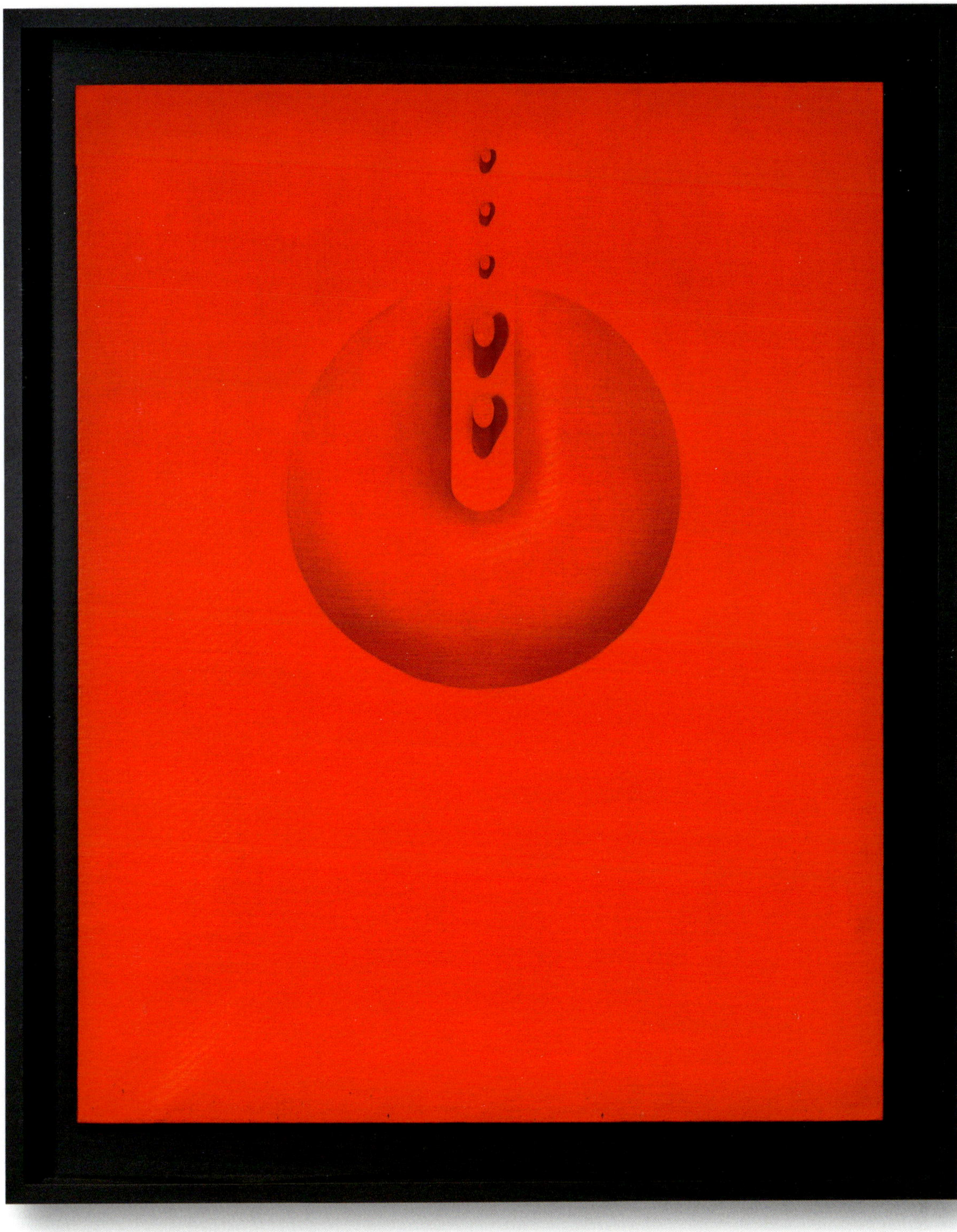

Lucio Fontana
Concetto spaziale, Teatrino, 1965-1966
Waterpaint on canvas and lacquered wood
/ Idropittura su tela e legno laccato
89 x 102 x 6.5 cm
Private Collection, United Kingdom

Salvatore Scarpitta
Out of Rider, 1970
Bandages and mixed media /
Bende e tecnica mista
58.5 x 52.5 x 10 cm
Private Collection

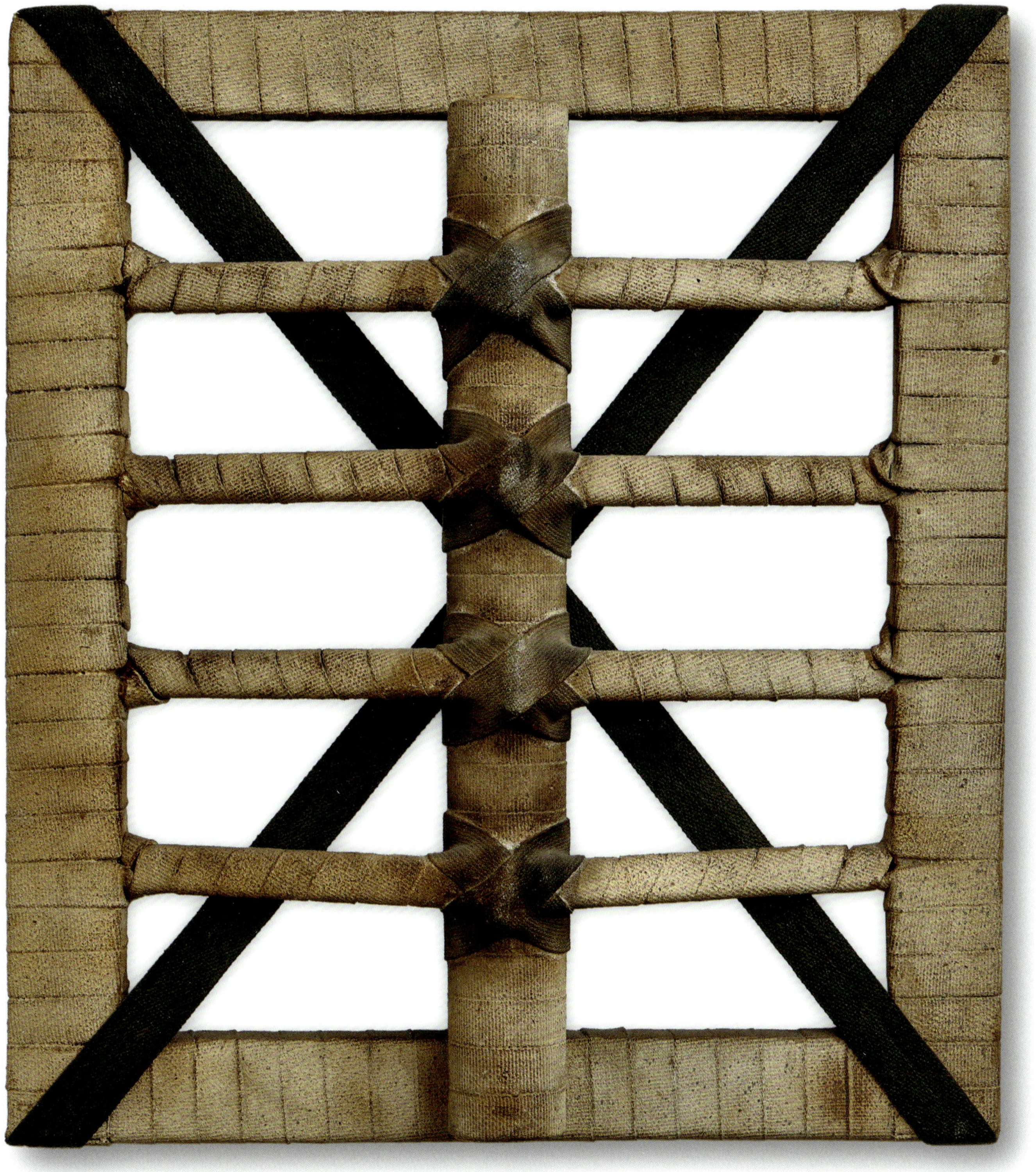

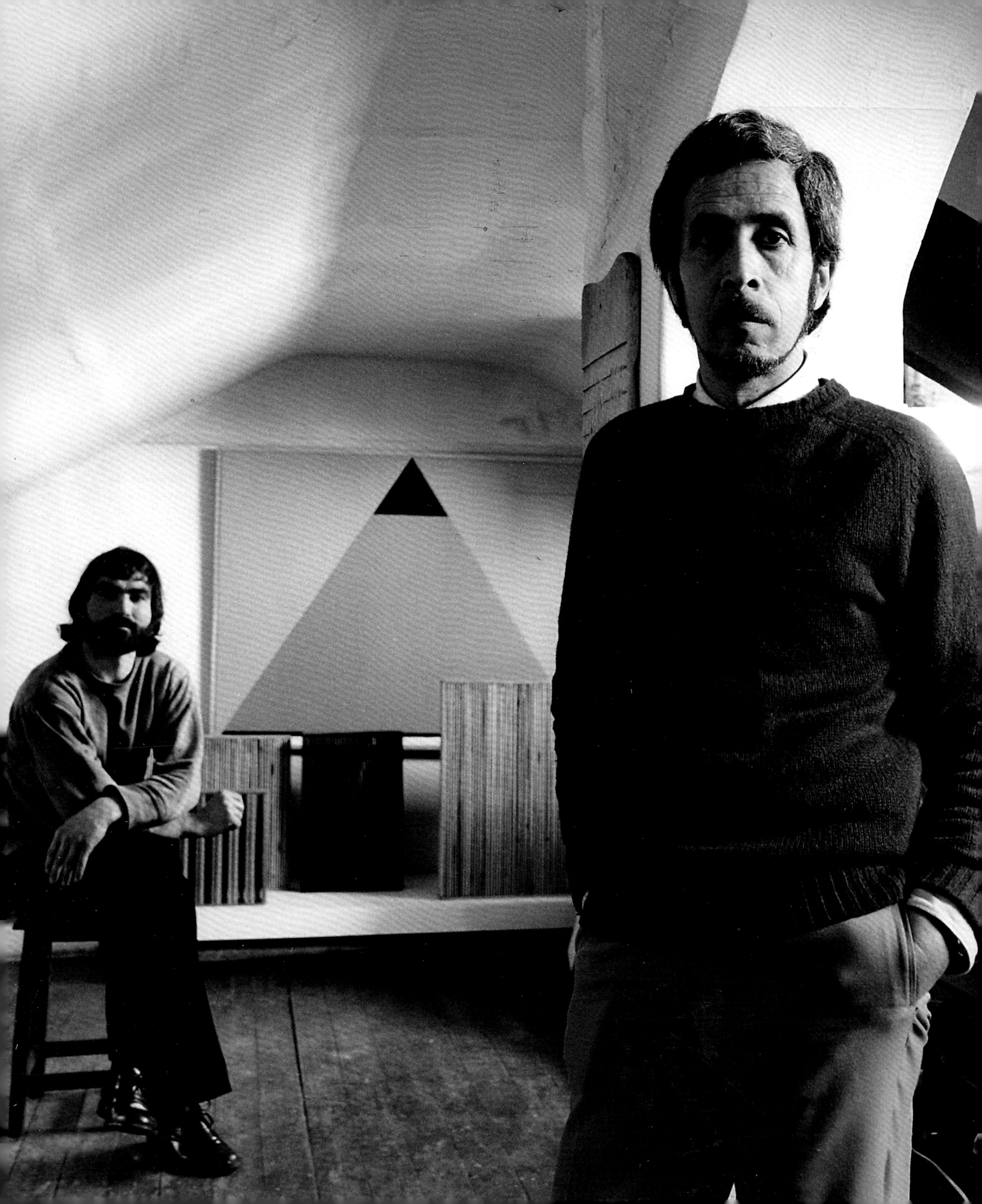

Biography

Jorge Eielson was born in Lima (Peru) in 1924 and died in Milano in 2006.
He studied in the Peruvian capital, which offered a culturally rich environment, where he thrived primarily on European culture. He exhibited his visual art works for the first time in a show in Lima, and in 1949 was invited to Paris for the first display of abstract art the Salon des Réalités Nouvelles. He subsequently exhibited his work at Colette Allendy, one of Paris' most interesting avant-garde galleries. In the early 1950s he settled in Rome, where in 1953 he exhibited his 'movils' at the Galleria L'Obelisco. His comrads during his Roman years included Alberto Burri and Ettore Colla, Giuseppe Capogrossi, Afro, Mirko, Salvatore Scarpitta, Richard Serra, Piero Dorazio, Mimmo Rotella and Cy Twombly. It was in this period that he wrote one of his most important collections of poems, *Habitación en Roma*, and his two novels, *El cuerpo de Giulia-no* and *Primera muerte de María*.
In 1959 Eielson collected miscellaneous materials such as cement, sand and marble dust, which he used to construct an austere and abstract landscape. Later, through the manipulation of clothes — which he wrinkled, tore, burned and twisted — Eielson discovered the great energy and beauty that is enclosed in a knot, inspired by the precolombian Quipus.
He exhibited his 'Quipus' for the first time at the Venice Biennale in 1964: Alfred Barr, the director of the Museum of Modern Art in New York, and American collector Nelson Rockefeller acquired them for their respective collections. He was invited on multiple occasions to the Salon des Comparaisons in Paris, and in 1969 he presented at the Kunsthalle in Bern, during the historic exhibition, *Plan and Projects as Art*, *Subterranean Sculpture*, a series of five imaginary and unattainable objects which were to be buried in different international cities he had visited (Paris, Rome, New York, Eningen and Lima); in the same year he proposed to NASA that one of his works be deposited on the moon. At this time he lived in New York and travelled with fellow artist and friend Michele Mulas while following various projects: *El cuerpo de Giulia-no*, a performance of the homonymous novel, at the Venice Biennale of 1972, the *Subterranean Ballet*, performed on a moving carriage of the Paris metro; the performance *Nage* in the Parisian countryside; the *Peace Concert* at documenta 5 in Kassel; the *Great Quipus of Nations* at the Monaco Olympics in Bavaria and the performance *Paracas-Pyramid* at the Kunstakademie in Düsseldorf.
Beginning in the 1970s his personal exhibits became more frequent, and included the Museo de Arte Contemporáneo in Caracas in 1977 and the Museo de Arte Moderno in Mexico City in 1979; in 1986 he was still exhibiting in Caracas at the Museo de Bellas Artes, and then at the III Bienal de Trujillo in Peru in 1987, at the Centro Cultural de la Municipalidad de Miraflores in Lima and at the Venice Biennal in 1988, at Rome's Istituto Italo Latinoamericano in 1990 and at the Finnish Museum of Design in Helsinki in 1994.
Keeping his base in Italy, specifically in Milan, where he moved to in 1979, Eielson often travelled to the United States and South America. He cultivated important relationships with intellectuals and artists from around the world, including Joseph Beuys, Harald Szeemann, Octavio Paz and Alberto Boatto, and he conducted incessant research on language and its potentiality, which he always considered to be free of all disciplinary form.
In 2007, after his death, the Venice Biennale paid homage to Jorge Eielson, while in Florence a centre of studies was dedicated to him, directed by Martha Canfield and chaired by Mario Vargas Llosa, which, together with the Eielson Archive curated by Marina Affanni, preserves the artist's identity. In 2017 the MALI museum in Lima organised an exhibit and an in-depth study directed by Sharon Lerner on the legacy of the artist.
Eielson's works are housed in important public collections around the world, including the MALI in Lima, The MOMA and Guggenheim Museum in New York, the Museo de Bellas Artes in Caracas, the MALBA in Buenos Aires, the Jack S. Blanton Museum in Austin, Texas, the Finnish Museum of Arts and Design in Helsinki, the National Trust for Historical Preservation in Washington, the Fundación Arco in Madrid, the IAC, the Instituto de Arte Contemporáneo in Lima, the Galleria Credito Valtellinese in Milan and the Collezione Gori, Fattoria di Celle in Pistoia.

Biografia

Jorge Eielson nasce a Lima (Perù) nel 1924 e muore a Milano nel 2006.
Nella capitale peruviana si forma in un ambiente ricco di fermenti culturali, nutrendosi soprattutto di cultura europea. Espone per la prima volta le sue opere di arte visiva in una mostra a Lima e nel 1949 è invitato a Parigi alla prima manifestazione d'arte astratta, il Salon des Réalités Nouvelles. In seguito espone da Colette Allendy, una delle gallerie d'avanguardia più interessanti di Parigi. All'inizio degli anni cinquanta si stabilisce a Roma, dove espone nel 1953 i suoi "movils" alla Galleria L'Obelisco. Le frequentazioni di questi anni romani includono Alberto Burri ed Ettore Colla, Giuseppe Capogrossi, Afro, Mirko, Salvatore Scarpitta, Richard Serra, Piero Dorazio, Mimmo Rotella, Cy Twombly. In questo periodo scrive una delle sue più importanti raccolte di poesie, *Habitación en Roma*, e i suoi due romanzi, *El cuerpo de Giulia-no* e *Primera muerte de María*.
Nel 1959 Eielson adotta materiali eterogenei, come cemento, sabbie, polvere di marmo, con i quali costruisce un paesaggio austero, astratto. In seguito, attraverso la manipolazione dei vestiti – raggrinziti, strappati, bruciati, attorcigliati –, Eielson scopre la grande energia e la bellezza racchiuse nel nodo, ispirato al Quipus precolombiano.
Espone per la prima volta i "Quipus" alla Biennale di Venezia del 1964: Alfred Barr, direttore del Museum of Modern Art di New York, e il collezionista americano Nelson Rockefeller li acquisiscono alle rispettive raccolte. Accoglie ripetuti inviti al Salon des Comparaisons di Parigi e nel 1969 presenta alla Kunsthalle di Berna, in occasione della storica mostra "Plans and Projects as Art", *Scultura sotterranea*, una serie di cinque oggetti immaginari e irrealizzabili da seppellire in diverse città del pianeta da lui frequentate (Parigi, Roma, New York, Eningen e Lima); nello stesso anno propone alla NASA di depositare un suo lavoro sulla luna. In questi anni soggiorna a New York e viaggia con l'artista e compagno di vita e lavoro Michele Mulas per seguire i diversi progetti: *El cuerpo de Giulia-no*, performance tratta dal romanzo omonimo, alla Biennale di Venezia del 1972, il *Balletto sotterraneo* su un vagone in movimento della metropolitana di Parigi; la performance *Nage* nella campagna parigina; il *Concerto della Pace* a documenta 5 di Kassel; il *Grande Quipus delle nazioni* alle Olimpiadi di Monaco di Baviera e la performance *Paracas-Pyramid* alla Kunstakademie di Düsseldorf. Dagli anni settanta si intensificano le mostre personali, al Museo de Arte Contemporáneo di Caracas nel 1977 e al Museo de Arte Moderno di Città del Messico nel 1979; nel 1986 è ancora a Caracas al Museo de Bellas Artes, poi alla III Bienal de Trujillo in Perù nel 1987, al Centro Cultural de la Municipalidad de Miraflores a Lima e alla Biennale di Venezia nel 1988, all'Istituto Italo Latinoamericano di Roma nel 1990 e al Finnish Museum of Design di Helsinki nel 1994.
Tenendo come base l'Italia e Milano, dove si trasferisce dal 1979, Eielson viaggia spesso negli Stati Uniti e Sudamerica, coltiva importanti rapporti con intellettuali e artisti di tutto il mondo, tra i quali Joseph Beuys, Harald Szeemann, Octavio Paz, Alberto Boatto, e porta avanti la sua ricerca incessante sul linguaggio e le sue potenzialità, sempre per lui libere da ogni griglia disciplinare.
Nel 2007, dopo la morte, la Biennale di Venezia rende omaggio alla figura di Jorge Eielson, mentre nasce a Firenze un centro studi a lui dedicato diretto da Martha Canfield e presieduto da Mario Vargas Llosa, che, insieme all'Archivio Eielson curato da Marina Affanni, tutela la figura dell'artista. Nel 2017 il museo MALI di Lima organizza una mostra e uno studio approfondito diretto da Sharon Lerner sulla sua figura di artista.
Le sue opere sono in importanti collezioni pubbliche, tra le quali MALI di Lima; MoMa e Guggenheim Museum, New York; Museo de Bellas Artes, Caracas; MALBA, Buenos Aires; Jack S. Blanton Museum, Austin, Texas; Finnish Museum of Arts and Design, Helsinki; National Trust for Historical Preservation, Washington; Fundación Arco, Madrid; IAC, Instituto de Arte Contemporáneo, Lima; Galleria Credito Valtellinese, Milano; Collezione Gori, Fattoria di Celle, Pistoia.

Michele Mulas, Jorge Eielson

Exhibitions and Selected Bibliography / Esposizioni e bibliografia selezionata

Solo exhibitions, performances, actions
Esposizioni personali, performance, azioni

1948
• Lima, Galleria de Lima

1949
• Paris, Galerie Colette Allendy

1953
• Roma, Galleria L'Obelisco

1963
• Milano, Galleria Lorenzelli

1966
• Milano, Galleria Rizzato-Whitworth

1967
• Lima, Galleria Moncloa

1969
• Paris, Roma, New York, Eningen, Tokyo, project *5 sculture sotterranee*, promoted by Galerie Ileana Sonnabend, Paris
• Paris, performance *Nage*

1971
• Paris, Subway, performance *Balletto sotterraneo*, in collaboration with Galerie Yvon Lambert

1972
• Paris, Galerie Arditti
• Venezia, XXXVI Biennale Internazionale d'Arte, solo room, installation and performance *El Cuerpo de Giulia-no*
• Venezia, Piazza San Marco, *Peace concert by Jorge Eielson*, 9 June
• Kassel, documenta V, *Peace concert by Jorge Eielson*, 28-30 June
• München, Spielstrasse, Olympic Games, installation and action *Grande Quipus delle nazioni*
• Bergamo, Galleria Lorenzelli
• Milano, Studio Maddalena Carioni, exhibition and performance *Paracas-Pyramid*

1973
• Milano, Galleria Lorenzelli

1974
• Bologna, Galleria Pellegrino
• Düsseldorf, Kunstakademie, performance *Paracas-Pyramid*
• Pavia, University, Galleria del Collegio Cairoli, performance *Paracas-Pyramid*

1976
• Milano, Galleria Vismara

1977
• Caracas, Museo de Arte Contemporáneo, exhibition and performance *Paracas-Pyramid*
• Caracas, Galleria Adler – Castillo
Lima, Galleria Enrique Camino Brent

1978
• Lima, Galeria 9
• Lima, Performance *Dormir es un obra maestra*

1979
• Mexico City, Museo de Arte Moderno, exhibition and performance *Paracas-Pyramid*

1986
• Caracas, Museo de Bellas Artes

1988
• Lima, Centro Cultural de la Municipalidad de Miraflores, exhibition, installation and performance *Interrupción*

1990
• Roma, Istituto Italo – Latinoamericano, E.U.R., *Jorge Eielson*

1991
• Saronno, Il Chiostro Arte Contemporanea, *Eielson*

1992
• Bergamo, Galleria Fumagalli, *Eielson – Nodi, corde, tensioni*
• Lecco, Galleria Melesi, *J. Eielson – Nodi*
• Como, Lurate Caccivio, Galleria Nuovo Spazio, *I nodi di Eielson*
• Palazzolo sull'Oglio, Studio F22 Modern Art Gallery, *Eielson*

1993
• Milano, Galleria Credito Valtellinese, *Eielson. Il linguaggio magico dei nodi*, exhibition and installation *Omaggio a Leonardo da Vinci* e *L'Ultima Cena*
• Saronno, Il Chiostro Arte Contemporanea, *Nodi come stelle – stelle come nodi*

1994
• Helsinki, Taideteollisuusmuseo, Finnish Museum of Art and Design, *Jorge Eielson – Quipus*, exhibition and performance

1995
• Bergamo, Galleria Elleni, *Eielson*, exhibition and installation
• Palazzolo sull'Oglio, Studio F22 Modern Art Gallery

1997
• Carmagnola, Palazzo Lomellini, *Jorge Eielson*

1998
• Milano, Galleria Lorenzelli Arte, exhibition and performance *La scala infinita*
• Milano, Galleria Silvano Lodi Jr., *Jorge Eielson – La poetica della materia*
• Finale Ligure, Valente Arte Contemporanea
• Palazzolo sull'Oglio, Studio F22 Modern Art Gallery
• Pistoia, Santomato, Fattoria di Celle, Studio Uno, installazione *L'Ultima Cena*

2000
• Torino, Galleria Biasutti&Biasutti

2002
• Sondrio, Palazzo Pretorio, *Dall'analisi iconica allo spazio totale*

2003
• Parma, Galleria d'Arte Niccoli, *Jorge Eduardo Eielson*

2004
• Borgomanero, Fondazione Achille Marazza, *Tutti i colori*

2005
• Lima, *Teknoquímica*, Galeria German Kruger Espantoso ICPNA, *Jorge Eduardo Eielson: Award*, installation *Esta vertical celeste proviene de alfa de centauro* and performance *S/T*

2007
• Saronno, Il Chiostro Arte Contemporanea, *Eielson. L'estensione immaginaria*
• Venezia, LV Esposizione Internazionale d'Arte, *Omaggio a Eielson*

2008
• Firenze, Palazzo Vecchio, Sala d'Arme, *Arte come nodo, nodo come dono*, exhibition and performance *Primera muerte de María*

2012
• Firenze, Centro Studi Eielson, *Perù ieri e oggi: oggetti preincaici e opera di Jorge Eielson*

2013
• Firenze, Palazzo Medici Riccardi, *Eielson artista e collezionista*
• New York, *Pinta, the Latin American art show, Jorge Eielson*

2014
• Firenze, Robert F. Kennedy Center, *Jorge Eielson. Gestos ancestrales y formas actuales*
• Lima, Enlace Arte contemporáneo, *El lenguaje magico del nudo*
• Miami, *Pinta, the Latin American art show, Jorge Eielson*

2015
• Miami, *Pinta*, performance *Paracas Pyramid*. Special Project *Time sensitive* by Jesús Fuenmayor

2016
• Miami, KA.BE Contemporary Art, *Jorge Eduardo Eielson: on the other side of languages*
• Milano, MAAB Gallery, *Jorge Eielson Bridging the gap*
• New York, Andrea Rosen Gallery, *Jorge Eielson*

2017
• Lima, MALI Museo d'Arte de Lima, *Jorge Eielson*, curated by Sharon Lerner

2018
• Ecuador, Bienal de Cuenca, performance *Paracas-Pyramid*, curated by Jesús Fuenmayor

2019
• London, Cortesi Gallery, *Jorge Eielson. Matter, Sign, Space / Materia, Segno, Spazio*, curated by Francesca Pola

Group exhibitions
Esposizioni collettive

1949
• Paris, *Salon des Réalités Nouvelles*

1950
• Paris, Galerie Colette Allendy, *Formes – MADI* (Arden Quin, Bresciani, Desserprit, Eielson)

1960
• Bergamo, Galleria Lorenzelli, *Giovani pittori contemporanei*

1961
• Paris, Musée d'Art Moderne de la Ville de Paris, *Art Latino-américain*
• Carnegie Prize, Pittsburgh

1963
• Spoleto, Festival dei Due Mondi, *Art Latino-américain*
• Lissone, *XIII Premio Lissone*

1964
• Venezia, XXXII Biennale Internazionale d'arte

1965
• Roma, Palazzo delle Esposizioni, *Roma e Lazio*
• Paris, Salon des Comparaisons
• Roma, Galleria La Salita, *Tippet, Santoro, Remotti, Eielson*
• New York, MoMA, Museum of Modern Art, *New Acquisitions*
• Nice, Festival des Arts Plastiques de la Côte d'Azur

1966
• Venezia, XXXIII Biennale Internazionale d'arte

1967
• Paris, Salon des Comparaisons
• New York, MoMA, Museum of Modern Art, *Modern Painting in Latin America*

1969
• Paris, Salon des Comparaisons
• Paris, Salon de Mai
• New York, MoMA, Museum of Modern Art, *Twentieth-Century Art from the Nelson Aldrich Rockefeller Collection*
• Paris, Roma, New York, Eningen, Tokyo: *5 sculture sotterranee* (promoted by Galerie Ileana Sonnabend, Paris)
• Berna, Kunsthalle, *Plans and Project as Art*

1970
• München, Aktionraum
• Hamburg, Kunsthaus
• New York, Center for Inter-American relations, *Latin American Paintings and Drawings from the Collection of John and Barbara Duncan*

1971
• Paris, Biennal d'art

1972
• Paris, Salon de Mai
• Paris, Salon des Comparaisons
• New York, Center for Inter-American relations, *Looking South: Latin American Art in New York Collections*, curated by Monroe Wheeler

1975
• Firenze, Palazzo Strozzi, Biennale di Arti Grafiche

1976
• Milano, Galleria Il Milione
• Maçon, Galerie des Ursulines

1987
• Lima, III Bienal de Trujillo

1988
• Venezia, XLIII Biennale Internazionale d'arte

1989
• Cuba, III Bienal de La Habana

1990
• Mexico City, Centro Internacional de Arte Contemporáneo, *Los privilegios de la vista, homage to Octavio Paz*

1992
• Firenze, Palazzo Strozzi "La Strozzina", *Perù, ieri e oggi*

1993
• Milano, Galleria Lorenzelli, *Una bandiera per Twingo*

1994
• Milano, Galleria Credito Valtellinese, *Coll. Priv. Artisti degli ultimi anni nelle collezioni private milanesi*
• Brescia, Palazzo Martinengo, *Big and Great*
• Saronno, Il Chiostro Arte Contemporanea, *Azzurro*

1995
• Milano, Galleria Credito Valtellinese, *Anni '90. Arte a Milano*

1996
• Milano, Triennale di Milano, *Premio L'automobile più bella del mondo*

1997
• Milano, Mazzoleni Sambonet Arte, *Antico e Moderno*
• Rovato, Convento dell'Annunziata, *Geometrie dell'Universo*
• Milano, Palazzo della Triennale, *Sculture in movimento*

1999
• Lisboa, Caixa Geral de Depósitos, *Das vanguardas ao fim do milénio*, organized by Museo de Arte Moderno de Buenos Aires

2000
• Lima, Galeria Instituto Cultural Peruano Norteamericano Miraflores, *Tensiones generacionales*

2001
• Saronno, Il Chiostro Arte Contemporanea, *Jorge Eielson – Michele Mulas: il dialogo infinito*

2005
• Milano, Museo della Permanente, *Filoluce*

2008
• Pavullo nel Frignano, Palazzo Ducale, *Love*

2009
• Milano, Silvano Lodi Gallery, *Polimero è arte*

2010
• New York, Marianne Boesky Gallery, *Jorge Eielson, Donald Moffett, David Noonas, Steven Parrino, Salvatore Scarpitta*

2011
• Milano, Montrasio Arte, *Into the green*

2012
• Lima, MALI Museum, *Lenguaje/Estructura/Territorio en la colección de arte contemporáneo del MALI*
• Saronno, Il Chiostro Arte Contemporanea, *Stanze per un collezionista*

2013
• Lima, Asociatión Cultural Peruano Británica, *Mundo hombre*

2014
• Miami, Pinta, *Jorge Eielson*, Enlace + Il Chiostro
• Trezzo d'Adda, Castello di Trezzo, *Materie*

2015
• Saronno, Il Chiostro Arte Contemporanea, *Kaleidoscope*
• Milano, Galleria Arte 92, *Le invenzioni dello sguardo*
• Milano, Galleria Il Castello, *Intrecci nodali. Marrocco - Eielson*

2016
• Milano, Galleria San Fedele, *Maria Lai, Sul filo del mistero*

2016-17
• San Francisco, Gagosian Gallery, *Beyond matter. Tsuyoshi Maekawa with Alberto Burri, Enrico Castellani, Jorge Eielson, Lucio Fontana, Piero Manzoni, and Salvatore Scarpitta*

2017
• London, Stephen Friedman, *Painting on the Edge: A Historical Survey*

2018
• Lima, Revolver Galería, *Trans/Cis. Jorge Eielson and Emilio Rodriguez-Larrain*
• Ecuador, Bienal de Cuenca, curated by Jesús Fuenmayor

2019
• Madrid, Real Academia de Bellas Artes de San Fernando, *En orden de aparición, Collección Hochschild*, curated by Luis Pérez-Oramas
• Milano, MUDEC Museo delle Culture, *Storie in movimento - Italiani a Lima, Peruviani a Milano*, curated by Giorgia Barzetti, Maria Matilde Benzoni and Carolina Orsini

Selected bibliography
Bibliografia selezionata

1954
• Emilio Villa, *Eielson*, in "Arti Visive", n. 8-9, Roma

1963
• Bruno Alfieri, *Eielson*, exhibition catalogue, Galleria Lorenzelli, Milano

1969
• Udo Kultermann, *Nuove forme della pittura*, Feltrinelli, Milano

1972
• *Chemises, noeuds, cords, toiles tendues, pyramides de chiffon, drapeaux*, exhibition catalogue, Galerie Arditti, Paris – Galleria Lorenzelli, Bergamo-Milano

1977
• Juan Acha, *El realismo visual y poético de Eielson*, exhibition catalogue, Museo de Arte Contemporáneo, Caracas

1979
• Juan Acha, *Los nudos de Eielson*, exhibition catalogue, Museo de Arte Moderno, Mexico City

1981
• Dorothy Canning Millar, Alfred H. Barr jr., William S. Lieberman, *La collezione d'arte moderna di Nelson A. Rockefeller*, Silvana Editoriale, Cinisello Balsamo

1986
• Alberto Boatto, Pierre Restany, *Obra Reciente*, Museo de Bellas Artes, Caracas

1990
• *Jorge Eielson*, exhibition catalogue, Istituto Italo-Americano, IILA, Roma
• AA.VV., *Los privilegios de la vista, homage to Octavio Paz*, Centro Cultural Arte Contemporáneo, Mexico City

1991
• *Eielson. Nodi*, exhibition catalogue, edizioni Il Chiostro, Saronno

1992
• Marco Senaldi, Anna Nosari, *Jorge Eielson – Nodi, corde, tensioni*, exhibition catalogue, Galleria Fumagalli, Bergamo
• Monica Gibertini, *Jorge Eielson – Nodi*, exhibition catalogue, Galleria Melesi, Lecco
• AA.VV., *Art d'Amérique latine 1991-1968*, Centre Georges Pompidou, Paris
• Martha L. Canfield, *Lazos de color-nudos de luz, Jorge Eielson: pintor y poeta*, in "Inti. Revista de literatura hispánica", n. 34-35, pp. 187-192

1993
• Pierre Restany, Aldo Tagliaferri, Alfonso D'Aquino, Martha Canfield, *Eielson – Il linguaggio magico dei nodi*, Mazzotta, Milano

1994
• Martha L. Canfield, *Jorge Eielson – Il dialogo infinito*, exhibition catalogue, Elleni, Bergamo

1995
• Martha L. Canfield, *El diálogo infinito*, Universidad Iberoamericana, México

1996
• Edward J. Sullivan, Natalia Majluf, *Latin-American art in the Twentieth Century*, Phaidon, London

1997
• Luis Rebaza-Soraluz, *Nudos y otros fragmentos del Universo*, CD ROM, Centre for Latin American Cultural Studies, King's College, London

1998
• Alberto Boatto, *Jorge Eielson. La scala infinita*, Galleria Lorenzelli Arte, Milano

2000
• *Tensiones generacionales*, exhibition catalogue, ICPNA Miraflores, Lima

2002
• José Ignacio Padilla, *NU/DO. Homenaje a J.E. Eielson*, Pontificia Universidad Católica del Perú, Lima
• Martha L. Canfield, *Jorge Eduardo Eielson. Nudos y asedios críticos*, Universidad Iberoamericana, Madrid-Vervuert

2003
• Alberto Boatto, Luca Massimo Barbero, *Jorge Eielson*, Ed. Niccoli-Il Chiostro, Parma-Saronno

2004
• Emilio Tarazona, *La poética visual de Jorge Eielson*, Drama Ediciones, Lima

2005
• *Tecnoquímica 2004*, exhibition catalogue, Lima

2006
• *Jorge Eielson by Alberto McKelligan*, in Gabriel Pérez-Barreiro (edited by), *Blanton Museum of Art – Latin American Collection*, University of Texas Press, Austin

2007
• *Territorios*, LII Biennale Internazionale d'Arte di Venezia, padiglione IILA, curated by Irma Arestizábal

2008
• Martha L. Canfield (edited by), *Arte come nodo, nodo come dono*, exhibition catalogue, Palazzo Vecchio, Firenze, Gli Ori, Pistoia

2010
• Luis Rebaza-Soraluz (edited by), *Ceremonia comentada. Textos sobre arte, estética y cultura 1946-2005*, Istituto Francés de Estudios Andinos IFEA – Fondo Editorial del Congreso del Perú – Museo de Arte de Lima, Lima

2013
• Martha L. Canfield (edited by), *Perù frontiera del mondo Eielson e Vargas Llosa: dalle radici all'impegno cosmopolita*, edizione bilingue, Firenze University Press
• Martha L. Canfield, Antonella Ciabatti (edited by), *Eielson artista e collezionista*, Palazzo Medici Riccardi – Centro Studi Jorge Eielson, Firenze

2014
• Martha L. Canfield, Enzo Minarelli (edited by), *Esplorare l'invisibile ascoltare l'inaudito, la ricerca poetica di Jorge Eduardo Eielson antologia verbo-voco-visuale 1949-1998*, Centro Studi Jorge Eielson, Firenze

2016
• Davide Sarchioni (edited by), *Jorge Eielson Bridging the gap*, exhibition catalogue, MAAB Gallery, Milano
• Chiara Gatti, Andrea Dall'Asta, *Maria Lai sul filo del mistero*, ed. San Fedele Milano

2018
• AA.VV., *Eielson*, Museo de arte de Lima, Lima

2019
• Francesca Pola (edited by), *Jorge Eielson. Matter, Sign, Space / Materia, Segno Spazio*, Cortesi Gallery, London – Skira Editore, Milano